A
Comunicação com o
Público

Andréa Machado

A
Comunicação com o
Público

Copyright© 2005 by Andréa Machado

Todos os direitos desta edição reservados à Qualitymark Editora Ltda.
É proibida a duplicação ou reprodução deste volume, ou parte do mesmo,
sob qualquer meio, sem autorização expressa da Editora.

Direção Editorial SAIDUL RAHMAN MAHOMED editor@qualitymark.com.br	Produção Editorial EQUIPE QUALITYMARK
Capa WILSON COTRIM	Editoração Eletrônica ABREU'S SYSTEM

CIP-Brasil. Catalogação-na-fonte
Sindicato Nacional dos Editores de Livros, RJ

M129c
    Machado, Andréa
        A comunicação em público / Andréa Machado. — Rio de Janeiro : Qualitymark, 2005

        Inclui bibliografia
        ISBN 85-7303-442-4

        1. Fala em público. 2. Comunicação. 3. Oratória. I. Título.

03-1537   CDD 808.51
                                                                                              CDU 808.51

2005
IMPRESSO NO BRASIL

Qualitymark Editora Ltda.
Rua Teixeira Júnior, 441
São Cristóvão
20921-400 – Rio de Janeiro – RJ
Tel.: (0XX21) 3860-8422

Fax: (0XX21) 3860-8424
www.qualitymark.com.br
E-Mail: quality@qualitymark.com.br
QualityPhone: 0800-263311

Apresentação

> Nada é mais sedutor para um homem do que sua liberdade de consciência. Entretanto, nada lhe causa maior sofrimento.
>
> Dostoievski

Você já parou para pensar que saber falar com o público pode mudar a sua vida? Em como pode ser importante para você no âmbito pessoal e profissional, como poderá melhorar a qualidade de seus relacionamentos, inclusive na sua forma de expressar suas idéias e, conseqüentemente, a aceitação e o convencimento por parte de quem o está ouvindo? Então, pare agora e pense em você...

... quantas situações difíceis de serem contornadas no seu cotidiano o levaram a se violentar e não ser tão bem-sucedido quanto gostaria, só porque você não soube se expressar bem (às vezes até por ter se emocionado) ou dizer um simples NÃO?

... quantas vezes já se sentiu como um visitante, em lugares tão íntimos como a sua própria casa (sentimentos do tipo "Eu não pertenço a este ambiente"), querendo conversar a respeito de alguma preocupação e aqueles que estavam ao seu redor nem repararam em todo este seu processo interno?

... quantas vezes teve uma idéia sensacional, mas viu alguém ganhar fama e/ou dinheiro antes, com esta mesma idéia, só porque você não a pôs em prática primeiro?

... naquela promoção que não foi dada a você e sim, injustamente, para o "fulaninho", que nem estava tão apto assim para exercer tal função.

... em como ficou maravilhado ao assistir a uma palestra e desejou ser tão empolgante quanto o palestrante.

... quantas vezes guardou para si um pensamento que poderia ter sido de grande valia para o grupo, só por julgar que não valia a pena comentá-lo.

... em como já ficou nervoso ao ter que fazer uma apresentação, sentindo-se completamente atrapalhado, sem saber inclusive por onde começar, ou então, para fugir de tal "constrangimento", delegou tal função a alguém bem menos preparado?

... quantas vezes você julgou que alguém, por estar exercendo uma função importante, seria extremamente inteligente, culto, corpo perfeito, etc., etc., mas ao conhecê-lo pessoalmente você verificou que se tratava de uma pessoa comum, exatamente igual a você?

Todas essas considerações traduzem uma certa inabilidade com a comunicação e, certamente, com o autoconhecimento. Mas não significa que uma pessoa mais culta, mais estudiosa ou repleta de conceitos seja mais capaz que outra. Quantas vezes reparamos pessoas que são verdadeiras enciclopédias ambulantes, mas expressam mal suas idéias, não conseguem sobressair num grupo de pessoas, enquanto que outras, às vezes até sem ter escolaridade, sabem contagiar a "massa"! Alguém já observou os líderes que emergem na nossa sociedade? São verdadeiros ídolos que mobilizam um grande número de pessoas sem, no entanto, terem freqüentado, necessariamente, as melhores escolas do país.

Portanto, se você resolveu mudar de atitude e decidiu aprender a falar em público deve estar preparado para descobrir um novo horizonte na sua própria vida, pois a comunicação com a massa esbarra não só na sua bagagem de conhecimentos, mas também, e muito, na comunicação interpessoal e na intrapessoal (aquela de você para você mesmo). E isso faz um diferencial e tanto.

Desde já anuncio que muitas surpresas acontecerão no decorrer deste livro: gratas revelações de como podemos ser grandes sem que jamais tivéssemos nos apercebido disso antes; a oportunidade de reavaliar seus relacionamentos e verificar que aquela pessoa que o intimida, ou que aos seus olhos é segura, firme e inabalável, é tão capaz quanto você. Sartre disse, certa vez, que: "O inferno são os outros...". Às vezes, chego a pensar que nós criamos nossos próprios infernos, dependendo de como conduzimos o leme de nossas vidas: podemos transformá-las em viagens maravilhosas ou então em monotonia pura!

Costumo dizer que existem dois tipos de pessoas: aquelas que se jogam de corpo e alma nos desafios, que arriscam e constroem uma vida repleta de boas e, por que não, divertidas histórias; e as que ficam como aquelas fofoqueiras das cidades do interior, que se acomodam na janela, almofadinha de cotovelo apoiando os braços, observando a vida dos que passam sob sua janela. Particularmente, acredito mais na força das pessoas que se submetem à vida do que na crítica daquelas que se limitam a observar as experiências alheias...

E entre essas coisas, o que mais gosto nessa minha condição de humano são os atos de conviver, compartilhar, convencer e também ser convencido, amar. Falar com outras pessoas – muitas pessoas – não é tão aterrador como parece e pode ser muito gostoso. Neste mundo competitivo, você deve ser audacioso: mostre sua competência, saiba usufruir do seu espaço da melhor maneira possível.

O homem é aquilo em que acredita.
Anton Chekhov

Refletindo Sobre o Milagre da Comunicação

A vida é um processo sem fim de autodescoberta.

J. Gardner

Não é maravilhoso que eu esteja agora penetrando nas suas idéias, com as minhas idéias e fazendo você pensar a respeito da arte de se comunicar com o público – sem sequer nos conhecermos pessoalmente (embora você vá perceber muito de mim através do que chamamos de "linguagem não-verbal" presente na minha forma de escrever) – confrontando nossas experiências, a nossa verve, e tudo isso a distância? Como é poderosa a comunicação nos relacionamentos, como as palavras podem desencadear emoções, mudar pensamentos, mudar o rumo das coisas!

A comunicação tem sido estudada ao longo da história com grande interesse, pois tanto é apontada como um dos maiores pavores da humanidade – um aspecto intrigante, segundo dizem, é que o medo de falar em público é mais incidente que o da morte – como também o diferencial do homem. Quanto ao medo da morte, nosso corpo se responsabiliza por esse assunto muito bem: há uma série de mecanismos cerebrais nos protegendo, evitando que nos tornemos suicidas potenciais (salvo algumas exceções, sobre as quais não vamos discorrer neste livro), mas com relação ao medo de falar em público, não há, em nosso corpo, qualquer mecanismo natural – na verdade, não temos sequer um "aparelho fonador" (para a fala), falamos graças ao uso adaptado de partes dos nossos sistemas digestivo e respiratório.

Falamos, fundamentalmente, porque necessitamos do outro – somos eminentemente sociais, e é com isso que devemos nos preocupar. Entretanto, precisamos urgentemente melhorar a qualidade dos nossos relacionamentos, pois estamos entrando numa nova fase da história, e sem precedentes. No aspecto familiar, estamos na era dos descartáveis: ninguém mais tem paciência para crises, conseqüentemente nunca houve tantos divórcios como nos últimos tempos. A geração dos nossos filhos já encara isso de uma forma normal – exceto quando acontece em suas próprias casas, pois, em última análise, põe por terra um dos eixos do comportamento humano: a necessidade de segurança, defendida por Maslow (1964), o inventor da Teoria das Necessidades, que veremos mais adiante, em que a família é ponto fundamental. Em contrapartida, vivemos na era do medo da Aids, não há mais "grupos de risco", todos corremos o mesmo risco de ser contaminados, o que nos leva a repensar a questão da liberdade sexual em detrimento da nossa própria vida! No aspecto profissional pela primeira vez, constatamos que, ao fim de nossa vida profissional, todo o conhecimento adquirido com a prática se tornará obsoleto! Por exemplo, quando comecei a minha história particular como profissional, em meu currículo constava o curso de datilografia. Isso nos impele a adotar a aprendizagem, a atualização constante e a troca de conhecimentos como uma rotina nas nossas vidas, para não ficarmos "parados no tempo"!

No mundo atual, recortado de dicotomias, embora a tecnologia moderna tenda a nos tornar mais caseiros, a nos apresentar soluções que diminuem a necessidade física do outro, podemos observar também que a força do grupo, numa sociedade, é sem igual (já repararam como aumentou o número de ações públicas, de associações, de ONGs?). Note bem que, ao abordar tecnologia, mencionei "necessidade física", pois até para se relacionar com alguém via Internet você precisa saber como se mostrar. A distância, neste meio, fez surgir uma forma nova de comunicação: mais direta, sem tantos escrúpulos ou cautelas – não há nenhum ônus ou timidez que, pela Internet, não permita a alguém chamar o outro de chato ou excluí-lo de sua sala de bate-papo! E, para os que ainda acreditam que a tecnologia está afastando as pessoas, eu diria que há apenas uma separação geográfica – o que o ciberespaço está criando é a possibilidade de um novo conceito de relacionamento. Não devemos cair na armadilha de acreditar que o futuro nos reserva uma vida mais isolada e que, por isso, não precisamos melhorar a máquina potencial que somos. Estamos esquecendo das nossas necessidades humanas do outro! E como quer que seja essa necessidade – que seja para melhor!

Um outro fator intrigante da comunicação é o aspecto da eloqüência: como se explicaria o fato de algumas pessoas, sem grandes recursos, terem o poder de mobilizar multidões, enquanto que outras, privilegiadas culturalmente, não conseguem despertar nenhuma energia no seu ouvinte, no seu público? Alguns atribuem o fato a uma habilidade nata, outros a uma habilidade que pode ser desenvolvida. Essas vertentes foram incrementadas principalmente pela Teoria das Múltiplas Inteligências, de Gardner (1996), na qual ele descreve o que considera como "as sete inteligências", dentre as quais: a interpessoal (inteligência para entender o ponto de vista alheio e saber entender e responder a humores, motivações e desejos do outro) e a lingüística (inteligência para entender e saber se fazer entendido) – mas este autor ressalta também que alguns talentos só se desenvolvem porque são valorizados pelo ambiente em que o indivíduo vive.

O importante, ao meu ver, é a vontade de adotarmos uma postura diferente, de mudarmos o curso do rio: prestarmos mais atenção à qualidade das nossas falas e à nossa capacidade de manter uma conversação, qualquer que seja, observando os "truques e macetes" pessoais que funcionam e podem ser utilizados na melhoria no nosso discurso. Na verdade, a regra número um para melhorar a comunicação com o público é nos tornarmos mais exigentes com a nossa comunicação interpessoal e começarmos a formular conceitos, reflexões sobre notícias, sentimentos e acontecimentos até que sejamos capazes de entender o mecanismo que propicia o início, o meio e o fim do assunto (primeiro em nossa cabeça, em seguida no papo com os amigos e, por fim, com o grande público).

A escrita passa pelo mesmo processo. Pude reparar o quanto se torna mais fácil escrever com a prática cotidiana. Assisti à entrevista de um ator, na qual ele dizia que se obrigava a escrever um texto todos os dias. Fiquei pensando nisso e resolvi imitá-lo. Todos os dias eu me sentava na frente do computador e ensaiava um texto. Embora houvesse muitos assuntos, muitas coisas a serem ditas, organizar toda a idéia, com início, meio e fim, era desafiador! Em seguida, vencendo esse obstáculo, comecei a pensar no "como" dizer as coisas de forma interessante – queria atrair o leitor e fazê-lo gostar do meu texto. Passei a ser colecionadora de frases, de histórias, de tudo, enfim, que pudesse ser usado em um final maravilhoso, por exemplo. O fato é que hoje é muito mais fácil para mim escrever. Já estou pensando inclusive em como criar determinadas "dificuldades literárias" para esse *hobby*.

Muito além do objetivo de ser capaz de expressar o seu mundo interior, de se entrosar com a sociedade em que vive, de manifestar seus mais íntimos desejos, o homem também associou a comunicação ao fato de conseguir sobressair-se – em uma sociedade extremamente competitiva, quem domina bem as palavras sai em vantagem na corrida pelo poder. Mas a comunicação também pode ser usada como uma ferramenta de cura para os tantos males comuns aos nossos tempos: nos consultórios, os terapeutas conseguem tamanho clima de confiança e esperança por parte do seu paciente, que o tempo de tratamento acaba se reduzindo, por vezes, quase à metade. Na gestão de empresas – já ouvi muitos relatos de gerentes que alavancavam projetos, dados como perdidos, por meio da motivação de suas equipes, e também pessoas que conseguiam melhoras fantásticas de graves males de saúde, usando a auto-sugestão. A palavra certa na hora certa!

A comunicação é uma arte e um talento do homem, aprimorada e feita por ele a partir do uso de um código verbal. Mas, hoje em dia, o difícil é encontrar homens que tenham consciência de sua essência e que saibam exercer sua humanidade. Se a comunicação é algo direcionado para o outro, como usufruí-la sem aquilo que eu considero o "toque de Midas": a sensibilidade?

Quem busca se aprimorar apenas por intermédio de técnicas está tentando esconder-se, doar-se menos – nunca será um verdadeiro eloqüente, pois estes sabem muito bem como tocar o outro. Precisamos descobrir o que há de melhor em nós mesmos e associar técnicas que melhorem ainda mais nossas habilidades, e não o contrário! Nada de apoiar-se somente em técnicas e acreditar que, desta maneira, é possível obter êxito e conseguir ir muito longe.

Os termos "comunicador", "apresentador" e "emissor" foram usados como sinônimos, no decorrer do texto, partindo-se do princípio de que manifestam a mesma intenção de comunicar algo, em situações distintas.

O objetivo deste livro é mostrar que as técnicas de comunicação devem ser utilizadas a partir da experiência pessoal de cada leitor, exercidas com bastante propriedade e integradas ao comportamento natural de quem tem uma boa proposta a apresentar – seja para um único ouvinte ou uma platéia. É na busca do autoconhecimento que essas técnicas serão melhor utilizadas. Faça dessa leitura uma autodescoberta e divirta-se com as respostas enviadas por seu corpo e sua mente. Esta é a verdadeira base da comunicação. Em momento algum, essas técnicas devem servir para afastá-lo de seu ouvinte – muito pelo contrário, e você precisa aceitar esse tipo de exposição. Experimente e faça como aqueles que nunca comeram melado: se lambuze!

Sumário

Apresentação V

Refletindo Sobre o Milagre da Comunicação IX

A Comunicação Interpessoal 1
    Esteja Atento ao seu Comportamento de Ouvinte! 8
    A Comunicação e o Futuro das Empresas 10
    Comunicação Interna: Uma Necessidade Básica! 12
    Análise de Um Bate-Papo a Dois 14
    Ponderações: Preconceitos na Comunicação com
    o Público 17

A Comunicação Não-Verbal 21
    Corpo: Rival ou Aliado? 24
    Curiosidades e Crendices 26

Pontos Importantes da Comunicação Não-Verbal............... 27
    Comportamentos que Traem o Apresentador 27
    Cuidados com a Linguagem Verbal 29
    Cuidados com a Imagem Corporal 30
Algumas Ponderações 36
    Curiosidades Sobre o Olhar 36
    Distâncias Interpessoais 37

Rapport 41
A Importância da Confiança Mútua 45
    Formas de Facilitação para o *Rapport* 46
O Valor da Voz 48
    Cuidados com a Voz 49
    Exercícios Propostos 50
Estética Vocal 53
    Pontuação 54
    Projeção 54
    Volume 55
    Ritmo 55
Ponderações: Mecanismos Vocais 57
    Nota 59

A Mensagem 61
A Mensagem Eficaz 65
Tipos de Problemas com a Mensagem 69
    Barreiras Mais Comuns: Fique Atento à
    sua Mensagem! 69
    Pequena Fórmula para Acertar "No Alvo": Faça um
    Bom Planejamento! 70
Formas de Apresentar a sua Mensagem 72
    Informalidade x Formalidade 73

Técnicas de Leitura	74
Partes do Discurso	77
Oratória	79
Persuasão	81
Retórica e Eloqüência	84
Exercícios Propostos	87
Técnicas de Propaganda	88
Convencendo Multidões	89
Captando a Atenção em um Discurso	90
Exercícios Propostos	91
Timidez	92
Mudança: Alargando os Limites Impostos pela Timidez	94
Ponderações: para Você Pensar...	97
Motivação	98
Técnicas para Motivação do Público	101
Improvisação e Talento	106
Exercícios Propostos	108
A Força da Palavra	110
Cuidado com as Piadas	111
A Mentira	112
O Receptor	**115**
As Trocas	119
Tipos Comuns de Ouvintes	121
Os Conflitos	125
Ponderações: Como o Receptor Processa a Informação?	128
A Didática da Apresentação Eficaz	**131**
Planejamento	134
1. Reconhecimento do Público	135
2. Reconhecimento do Espaço	137

    Organização do Auditório 138
  3. Escolha e Preparação dos Canais 140
  4. Coleta do Material de Pesquisa e Consulta 141
  5. Confecção do Material Didático 141
  6. Confecção dos Recursos Audiovisuais (RAV) 142
    Recursos Visuais 144
    Recursos Visuais Impressos 149
    Recursos Audiovisuais 152
  7. Autocrítica 153
    Avaliação do Material Visual 153
    Objetividade nos Objetivos! 154
    Detalhes Finais na Organização 155
  8. O Momento da Apresentação 157
    Apresentação 157
    Fechamento 157
  9. Observação e Verificação dos Resultados 158
    Feedback 158
    Perguntas Diretas do Apresentador 159
    Perguntas dos Ouvintes 162
    Exercícios Propostos 162
  10. Aperfeiçoamento 163
Ponderações: Fatores Psicológicos
Envolvidos na Aprendizagem 164
A Negociação na Comunicação 167
    Habilidades Interpessoais em Negociação 168
Relacionamento com a Imprensa 171

Relaxamento 175
    Estresse? 178
    Técnicas Sugeridas 179

1. Contração/Descontração 179
2. Observação da Respiração 180
3. Movimentos Giratórios 180
4. Relaxamento por Imagens Mentais................................... 181

Ponderações Finais: Nota da Autora.................................... 183

Referências Bibliográficas.. 185

A Comunicação Interpessoal

Cuide dos meios, que o fim cuidará de si mesmo.

Gandhi

Hoje em dia, poucas coisas neste mundo são tão democráticas quanto o poder da comunicação, mesmo que ainda haja preconceito racial, de gênero, pessoas excluídas. Aliás, até preconceito – o mais vil dos sentimentos – é manifestado sob alguma forma de comunicação. A verdade é que o mundo está se tornando mais consciente de determinadas questões – boas e ruins – tornando a fase em que estamos vivendo crucial para o futuro da humanidade. É através da comunicação e da informação que ficamos cientes de como andam as coisas – aliás não andam mais, voam! Mesmo com todas as sofisticações oferecidas pela modernidade, a comunicação interpessoal ainda é o que se pode chamar de a ferramenta mais eficiente para o sucesso de um relacionamento e é indispensável para a interação entre as pessoas. É a melhor forma de transmitirmos uma informação, justapondo-a ao sentimento – que imprimirá mensagens ainda não traduzidas por palavras, sugestionando o ouvinte quanto à veracidade do conteúdo e o comprometimento do nosso discurso, transmitindo não só o que foi elaborado pelo cérebro, mas também a nossa essência – traduzida pelo inconsciente em atitudes complementares, que independem de nossa vontade, e interpretada pelo interlocutor simultaneamente.

Quando Maslow (1964) sugeriu a "Pirâmide de necessidades humanas" nos traduziu também que, com exceção daquelas chamadas físicas (como sede, fome, etc.) todas as outras vão traduzir nossa necessidade desesperada de comunicação e relacionamento com o outro.

A auto-realização abraça nossa vontade de crescer, de adquirir novas oportunidades profissionais de desafios pessoais, ou seja, atividades que estão inseridas no contexto dos relacionamentos humanos. A profissão que você tem só é necessária a partir de sua fatia na sociedade. Em outras palavras: A quem um médico iria prestar atendimento? Que obra seria possível a um engenheiro, se não existissem outras pessoas a requisitar tais serviços? Como satisfazer a auto-estima com força, autoconfiança, *status*, prestígio e utilidade, sem atribuir um caráter social ao homem? E o que dizer da "necessidade de reconhecimento" e de "respeito e amor", da necessidade de criar

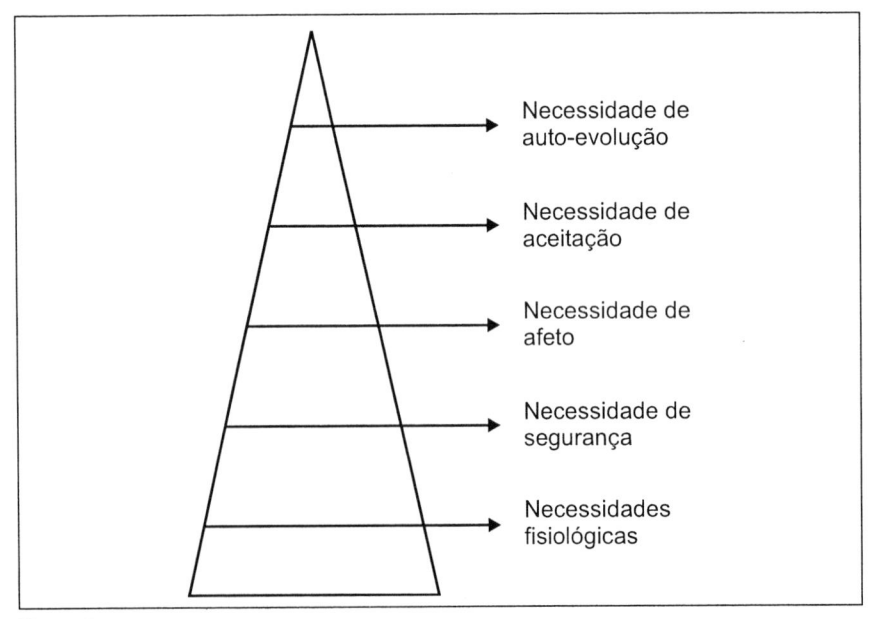

Figura 1

laços afetivos...? E o que falar da necessidade de Segurança? De receber cuidados durante uma enfermidade, estabelecimento de certa rotina na vida, de crenças? Como é bom poder contar com alguém! Só poderíamos esquecer estas questões em situações-limite de fome, sede, falta de ar, etc. – que são nossas necessidades fisiológicas, primordiais.

Quanto à comunicação, podemos dizer que esta sempre foi objeto de pesquisa do homem. Era preciso haver uma forma de transmitir tudo o que fosse imaginado; o que fosse experiência, tudo o que se desejasse com relação ao outro: iniciando-se pelas manifestações espontâneas comuns aos animais (gestos e sons como, por exemplo, o choro ou o gemido), inventando-se, posteriormente, um código verbal, e por fim, nos dias de hoje, misturando-se todos esses elementos e desenvolvendo uma linguagem subliminar – aquela capaz de levar o ouvinte a conclusões preestabelecidas sem que se utilize de uma linguagem direta – chegando-se, possivelmente, em um futuro próximo, ao desenvolvimento do poder telepático, quem sabe!

Um outro aspecto da comunicação, indispensável para a evolução da humanidade, é o fato de poder ser representada graficamente. Através da escrita fomos capazes de vencer o tempo e a distância entre nossos semelhantes, pois temos acesso ao pensamento de nossos antepassados e podemos conhecer o mundo inteiro através de livros, revistas e informes em geral. Ainda bem que nós temos condições de ler Shakespeare, de ler Machado de Assis e tantos outros que tornaram a dimensão do ser humano maior com suas obras. Sem a linguagem e, especificamente, sem sua representação gráfica – a escrita – todo o passado ficaria perdido, pois por mais que nos contássemos através de histórias faladas, os detalhes teriam se perdido com o tempo. Olhem como é interessante: qualquer um de nós consegue passar um bom tempo sem escrever, mas dificilmente passaria um só dia sem falar ou ouvir.

Comunicação, de uma forma geral, consiste na transmissão ou recepção de mensagens por meio de métodos ou processos convencionados. Os homens estabeleceram um código verbal denominado linguagem falada; um código escrito, com representação gráfica; e um código, ou linguagem não-verbal, englobando as demais manifestações expressas através de nossos corpos ou de qualquer outra forma de comunicação que não fosse pela palavra falada ou escrita. Ao convencionarmos um código de linguagem verbal, passamos a ter efetivamente uma história, pois criamos condições de arquivar nosso passado e projetar o futuro, o que seria inviável sem o dom da abstração atribuído às palavras.

Na comunicação, o mais importante é que nunca haverá unilateralidade! Sempre serão necessários, a esse processo, um emissor e um receptor e, imprescindivelmente, um desejo. Mas para que esta aconteça é preciso, segundo Pichon-Rivière (1991):

- **Apetite** – que haja o desejo de comunicar-se. Este desejo é controlado pelas funções cerebrais e depende diretamente da estabilidade emocional do indivíduo, que pode querer ou não se comunicar – a opção é pessoal! Porém, ao decidir pelo contato, deve se lembrar que o foco para uma comunicação eficiente é o outro! Portanto, no nosso caso particular – a comunicação com o público – procure utilizar todos os seus recursos pessoais para fazer seu público compreender aquilo que você se propôs a falar. A instabilidade emocional pode prejudicar efetivamente a comunicação. Ao conferir um caráter à sua mensagem, como, por exemplo, de autoritarismo, o emissor deve estar ciente de que o receptor poderá reagir de diversas maneiras, dependendo de certas "variáveis" do momento. Às vezes, uma mesma pergunta pode gerar diversas respostas...

- **Ordenação** – ligada diretamente à inteligência humana, ou seja, à capacidade intelectual, a partir da qual o indivíduo passa a ser capaz de acumular as experiências vividas e de reaproveitá-las, posteriormente, adaptando-as às novas situações. A ordenação depende também da sensibilidade de cada um para utilizar toda a experiência de vida pessoal em prol da clareza de expressão de sua mensagem. A utilização de certas palavras, a organização da frase e a ordenação do assunto em graus de complexidade são algumas das tarefas relacionadas à ordenação.

- **Capacidade sensório-motriz** – associada à habilidade de escolher o código de comunicação, processá-lo no cérebro, que vai, então, ordenar aos órgãos motores da fala a transmissão da idéia. A esta capacidade podemos atribuir a perfeita articulação das palavras e a voz, que impressionam o ouvinte. Algumas características anatômicas e/ou funcionais podem exercer grande influência no desenvolvimento da linguagem ou interferir no desenvolvimento motor, afetando a expressão lingüística. Mesmo problemas mais leves como má-formação dentária ou mandibular, podem afetar a linguagem no que diz respeito, principalmente, à articulação. Por exemplo: uma criança que não ouve bem, especialmente durante os estágios da aprendizagem da linguagem, pode aprender os sons da fala de forma distorcida.

O modelo exposto a seguir (Figura 2) representa a comunicação interpessoal, sujeita a interferências diversas, as quais podem ter origem tanto no emissor (quem elabora a mensagem) quanto no receptor (quem recebe a mensagem), e deve-se, antes de tudo, ao "apetite" desses interlocutores para a comunicação. Poderíamos afirmar que o homem é um conjunto de tudo o que significa a sua existência, sua individualidade (ou a forma peculiar de ler o mundo ao seu redor), sua personalidade e seu corpo.

Por exemplo, alguém tem vontade de emitir uma mensagem, então a elabora através de um código e a produz. Outro alguém recebe esta mesma mensagem, já influenciada por ruídos (elementos que alteram a mensagem original) – internos e externos – e a interpreta.

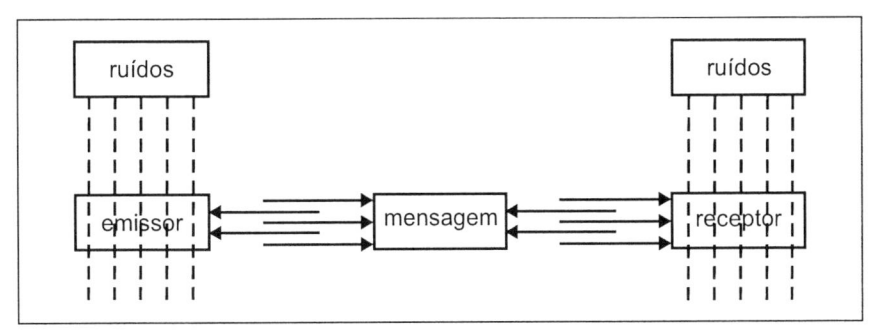

Figura 2 – *Modelo de comunicação.*

Esse mecanismo assemelha-se a uma espiral ascendente, pois ao receber a mensagem o outro também emite em reação, de imediato, outra mensagem – e assim vamos descrevendo o processo de comunicação.

A Psicologia Social tem verificado que raramente a mensagem é recebida tal como foi elaborada por estar sempre sujeita às intempéries do meio, da personalidade, da bagagem de vida e do humor dos interlocutores. É muito importante refletirmos sobre as diferenças individuais na percepção de um mesmo estímulo, pois é aí que residem os conflitos na comunicação. O erro básico, cometido por todos, é acreditar que o outro pensa da mesma forma que nós. Não existem duas pessoas iguais nesse mundo inteiro – até os gêmeos idênticos desenvolvem suas diferenças. Ainda que os estímulos cheguem até nós através dos sentidos, da mesma forma, vamos armazenar e interligar essas informações em nossos cérebros de forma distinta.

Imagine, agora, um bebê que percebe estar diante de uma coisa redonda, morna, com um sonzinho já conhecido e um cheiro gostoso que faz passar aquela dor na barriga, a fome. O bebê se sente feliz, é o seio da mamãe e anúncio de coisa boa! Mas, eu disse: coisa redonda, morna, sonzinho, cheio, dor? Esqueça todos esses conceitos: o bebê ainda não sabe o que quer dizer tudo isso. O cérebro dele não detectou, em seus "arquivos", algo que pudesse explicá-los. Ele apenas sente prazer naquela experiência primeira e gosta. Então, passa a perceber o cheiro do leite da mãe, a voz suave, o calorzinho e começa a entender que toda vez que aquilo acontece, ele sente algo muito bom. Ele não analisa o fato em suas partes, só gosta e assimila essa aprendizagem. Mais tarde, o futuro adolescente poderá utilizar-se dessa sensação para outras descobertas. Se a chegada do seio foi uma das primeiras experiências cognitivas do bebê, não houve tempo de compreender os dados aí embutidos. Até para entendermos o "Conceito do Nada" devemos conhecer algo.

É a sucessão de conceitos, a adaptação, o ajuste entre eles, a ordenação e organização desses dados que irão descrever nossa compreensão do mundo e, em primeira análise, de nós mesmos. Esse simplório exemplo serve para explicar por que, algumas vezes, as pessoas não entendem o que falamos ou fazemos e, outras vezes, reagem de forma inesperada. Talvez tenhamos errado na forma de abordar um certo assunto, ou pode ser que o receptor não tenha *background* adequado para compreender o que foi dito. E, assim, vamos tecendo a imensa teia dos desentendimentos.

Este verdadeiro "telefone sem fio" repercute diretamente na nossa sociedade, onde cada vez mais encontramos novas informações chegando ao mercado e cada vez menos relacionamentos são otimizados. Hoje em dia, dependemos da "Ouvirtude" (conforme Artur da Távola escreveu) de nossos receptores.

Normalmente, diante da fala de outra pessoa, podemos estar ouvindo:

- o que queremos ouvir;

- o que imaginamos que o outro ia falar;

- nada, ocupando-nos em organizar contra-argumentos para dizê-los logo em seguida;

- o que gostaríamos que o outro dissesse;

- somente as partes que nos agradam, agridem ou emocionam;

- fragmentos do discurso, se estamos dispersos ou há interferência externa (gerando um mosaico de informações incabíveis);

- e, ao mesmo tempo, comparando o discurso com assuntos conhecidos anteriormente.

Ouvir passou a estar diretamente ligado aos nossos paradigmas e estereótipos. Ao ler as palavras Político, Padre, Física, Adolescente, Sogra, Índio, Amigo, já associamos a cada verbete uma denotação. O mesmo acontece ao falarmos: a primeira impressão que causamos passa a ser insubstituível. Se nos destacarmos como bons comunicadores, ótimo, senão ficará difícil transpor a barreira do preconceito. Além disso, poderemos estar sendo alvo de inveja, o que gera aquele tipo de comunicação em que a toda hora somos interrompidos por colocações que têm como impulso sentimentos – como a raiva – ou qualquer outro tipo de emoção gerada a partir do palestrante, sobre o ouvinte, sem conexão direta com o assunto abordado. Como resultado dessas "nuances", uma sociedade estressada e egocêntrica vai se formando, sem que se possa tomar uma solução rápida.

A capacidade de ouvir é essencial à comunicação, tanto para quem fala, como para quem ouve. Esse hábito deve ser desenvolvido para que, ao tomarmos a posição de emissor, nos tornemos cuidadosos com determinados pormenores na mensagem que podem transformar-se, de sutis, em problemáticos bloqueios.

Esteja Atento ao seu Comportamento de Ouvinte!

1. Para ouvir é preciso estar calado!
2. Coloque-se no lugar do outro e sinta aonde ele está querendo chegar. Perceba o que está sendo dito em sua "totalidade" corporal.
3. Quando necessitar de maiores esclarecimentos, pergunte. Incentive o diálogo, tornando-se acessível, e procure compreender o máximo da mensagem em questão. Ouvir não significa adquirir uma atitude passiva, requer atividade mental e envolvimento com o assunto.
4. Não seja ansioso. Espere o emissor terminar de falar, deixe-o concluir seu pensamento. Controle suas emoções e seus preconceitos.
5. Concentre-se no que está sendo falado. Evite se dispersar, nem fique procurando argumentos para discordar.
6. Reaja à mensagem e não à pessoa que a emite: não deixe suas impressões pessoais influenciarem na mensagem, nem que inferências como "ele não sabe do que está falando", "ele está apenas tentando convencê-lo", "a verdade está sendo distorcida", etc. sirvam como barreira à comunicação.
7. Recuse-se a ouvir qualquer coisa se seus pensamentos estiverem voltados para qualquer outro assunto! Se você tem um problema, tente resolvê-lo primeiro. A concentração é muito importante.

A condição de "platéia" não iguala os ouvintes. O orador, ao falar para uma platéia, fala para cada um distintamente. Não seria tolice afirmar que quando alguém fala para cem pessoas, há cem pessoas ouvindo o que cem oradores estão dizendo.

A Comunicação e o Futuro das Empresas

> Nada é mais justamente distribuído do que o bom senso: ninguém julga que precisa mais do que já tem.
>
> **Descartes**

Refletindo sobre os desencontros da comunicação nas empresas, vamos verificar que aquelas que conseguem se sobressair, vencer crises e conquistar seu espaço no mercado são as que possuem um sistema de comunicação aberto, em que informações transitam em todas as direções e são de fácil acesso. O oposto também é verdadeiro. Mas, se você ainda acha que só esse fator não é preponderante para o sucesso/fracasso de uma instituição, basta olhar para o mercado à sua volta. Embora estejamos em tempo de alta tecnologia, ainda encontramos empresas que não estão preocupadas com o que está acontecendo do lado de fora de seus muros. São verdadeiras ilhas, onde prevalecem gestões autoritárias (que obviamente desestimulam a colaboração dos funcionários, dando espaço para o automatismo das funções) e as barreiras impostas deixam de lado a missão, os valores, a sinergia necessária para que se consiga motivar a equipe. E nem se trata de uma questão salarial, é só reparar à sua volta e verificar quanta gente se sente motivada realizando trabalhos voluntários.

Muitos problemas poderiam ser resolvidos com um simples sentimento: INTERESSE. Observe que o interesse é o bálsamo de toda comunicação eficaz. Quando os pais conseguem compreender a fala de seus bebês, que só balbuciam pequenas palavras ou sílabas, estão interessados em manter aquela comunicação e estimular o contato de seus bebês com o meio. No entanto, quando as crianças crescem e já são capazes de "se virar", este compromisso acaba sendo quebrado pela rotina e pela falta de tempo de ambos os lados. Os adolescentes, então, passam a desenvolver uma mensagem ininteligível para os pais – como acontece com os grupos de trabalhadores, que utilizam uma linguagem específica, relacionada a sua área de trabalho – e o caos se vê instalado.

Assim, diante de tantos desencontros na comunicação, quando nos vemos obrigados a enfrentar públicos tão ecléticos, formados por diversos grupos de pessoas, às vezes reunidos num só espaço, entramos em pânico! Vamos aproveitar o momento para entender o seguinte: se você deseja se comunicar com jovens, deve falar como eles falam; se deseja se comunicar com um determinado segmento profissional, insira no seu discurso palavras que sejam da rotina deles! É lógico que não devemos abandonar de vez a gramática, rechear nosso discurso de gírias e/ou palavrões só para agradar aos outros, mas é um bom recurso inserir palavras que tenham um sentido especial, para aproximá-lo do mundo de seu ouvinte! Se você, por exemplo, utilizar palavras muito difíceis para se comunicar com pessoas com pouca escolaridade, certamente não vai fazer muito sucesso! O efeito é como se eles o estivessem ouvindo falar em outra língua! Não há problema em ensiná-los um uso mais amplo da língua, mas o que eu quero dizer é que esta ação deve ser homeopática – aos pouquinhos – e não de uma vez! Afinal, você não aprendeu tantas palavras de uma hora para outra, não é?

Se a sua empresa pretende realmente conquistar espaço no mercado moderno, precisa se comunicar melhor, e esta preocupação deve ser eterna, tanto no que concerne ao esforço de cada funcionário em se comunicar, quanto ao orçamento adequado destinado à comunicação. Determinadas campanhas de *marketing* causam náuseas só de pensar em quanto dinheiro foi jogado fora! Por exemplo, há quem acredite que se pode reforçar a imagem no mercado pela chatice... enfim, vivemos uma democracia, mas eu espero que você, pelo menos você, reserve um tempinho para refletir sobre isso. Não seja levado pelas ondas! Quanto à forma de tratar seus funcionários – atualmente reconhecidos como "clientes internos" – aconselho algumas condutas. Só a partir delas será possível começarmos a visualizar uma luz no fim do túnel. Sugiro, então:

- manter uma comunicação interna eficiente, em que o executivo de topo deve ser o maior exemplo de que as informações correm em duas vias, de cima para baixo e de baixo para cima;

- haver um mínimo de congruência entre fala e atitude, ou fatalmente acontecerá o descrédito;

- desenvolver a capacidade de lidar com contrariedades, administração de conflitos e um pouco de "ouvirtude".

Já presenciei muito mal-estar no convívio empresarial: como funcionários que descobrem que seu projeto (que deu muito trabalho para ser confeccionado) virou bloco de rascunhos; firmas que desenvolvem o mesmo projeto em dois setores diferentes, enfim, uma infinidade de absurdos que poderia ser evitada se a comunicação interna fosse mais otimizada. E o que dizer da linguagem nos *e-mails*? Tudo bem que a Internet tenha propiciado um meio mais informal de comunicação, que tenhamos sido alforriados do "Prezado Senhor", mas daí a aceitar como linguagem informal erros de português e abreviações incompreensíveis? – Ah, isso é demais!

Comunicação Interna: Uma Necessidade Básica!

Já que estamos avaliando a comunicação interna das empresas, que tal observarmos como isso pode ser feito? Para que a firma não se transforme em pessoas que se aconchegam em seus cubículos, sem saber o que está acontecendo a um palmo do seu nariz, é necessário uma comunicação eficaz. Essa necessidade parte basicamente do empregado, para que ele possa se situar diante da sua função e dentro do universo que constitui a empresa. Pode ser estabelecida de maneira formal ou informal, como, por exemplo, determinados eventos em que uma das finalidades é o relacionamento entre os funcionários. A comunicação interna pode ser através de: publicações (manuais, cartazes, correspondências internas, correspondências via intranet, etc.) ou agrupamentos (reuniões, eventos culturais, campanhas, concursos, etc.). Dentre as vantagens desse tipo de contato, pode-se salientar:

- fortalecimento da confiança e das relações;
- facilitação da formação/compreensão de metas;
- "compra" da filosofia da empresa;
- avaliação imediata das reações das pessoas (*feedback* espontâneo).

Mas, para que essa comunicação seja bem-sucedida, precisamos de preparação, planejamento e tempo. O resultado normalmente não aparece de imediato, mas como a tendência é o entrosamento da equipe, fortalecendo-se enquanto time, haverá uma agradável surpresa esperando em médio prazo – vale a pena investir!

Análise de Um Bate-Papo a Dois

Agora, pense em seus relacionamentos com amigos ou parceiros. Você vai observar que, além dos assuntos abordados de forma consciente, paralelamente pode-se verificar muitas outras coisas.

Se, por exemplo, um amigo seu indicar um novo medicamento para emagrecer ("Que foi um verdadeiro milagre para fulano!") e você, após tomá-lo, tiver uma bruta reação alérgica, o que iria fazer? Certamente avisaria ao seu amigo para não usá-lo, já que você teve uma intoxicação e adoeceu, não é? Esta mesma indulgência não teria acontecido se o medicamento tivesse sido indicado por um médico, afinal, como profissional, ele tinha a obrigação de saber dos possíveis efeitos colaterais. Isto ocorre porque, num relacionamento que envolve um certo grau de amizade/afinidade, estão intrínsecos valores como respeito (às vezes não!) e o grau de influência que um exerce sobre o outro. Fatores intervenientes, como o tempo de relação e o interesse de um sobre o outro, irão apenas estreitar ou alargar as áreas de atuação desses valores. Outra situação: você tem um amigo de infância por quem nutre grande amizade, mas que é um fanfarrão, brincalhão e piadista – a relação com ele acabará sendo de pouco respeito (pois, na sua opinião, ele vai ser sempre assim: incapaz de levar alguma coisa a sério). Entretanto, um amigo recente, com estas mesmas características, talvez não lhe inspire tanta falta de crédito, pois ele pode apenas estar tentando ser agradável.

Já nos relacionamentos entre casais o que pesa muito é o controle. Em seus depoimentos individuais – principalmente em momentos de crise – ouvimos sempre a frase "Eu sempre tinha que ceder no nosso relacionamento". Para manter o equilíbrio das relações de controle, o mais indicado é o poder da conversação e a disposição para entender os motivos do outro, cedendo sempre que isso for o indicado e não haja ônus para as duas partes envolvidas. É muito difícil, mas não é impossível.

É muito importante conhecermos os aspectos da comunicação interpessoal para darmos início à análise da comunicação com o público. O exercício constante e o cuidado em nossa conduta com o outro irão nos servir de bagagem na próxima palestra.

Figura 3

Percebemos que a comunicação, eficaz ou não, depende, entre outros fatores, do nosso próprio relacionamento com o mundo desde que nascemos. Entretanto, passamos a ser responsáveis pela sua qualidade tão logo tenhamos condições de decidirmos o que queremos em nossas vidas. Sempre passível de melhora, a comunicação é um exercício constante e, sem dúvida, uma oportunidade de nos entregarmos ao outro, embora a falta de autoconhecimento leve muitos indivíduos a perguntarem a si mesmos: entregar o quê? O que há em mim que tanto pode vir a interessar meu ouvinte? Isso é o que precisamos descobrir: comunicar é, antes de tudo, o exercício de autodescobrimento!

Precisamos rever como tratamos nossos sentimentos, como os manifestamos e o que nos comove, irrita ou que gama de reações desperta. Esse autoconhecimento é importante para que saibamos, posteriormente, como utilizar estes mecanismos em prol de nosso autocontrole, desbloqueio e da melhor utilização de nossas ferramentas pessoais, visando uma maior liberdade de movimentos e fluência nas idéias no momento em que precisarmos nos apresentar em público, e em nossas comunicações interpessoais. O fato é que, quando nos relacionamos bem conosco, sempre temos uma boa chance de nos relacionarmos melhor com o meio. Não se trata, aqui, de egocentrismo, que uma pessoa desse tipo seria mais bem-sucedida ao lidar com o público – nada disso! Gostaria apenas que você não desperdiçasse tudo o que possui e prestasse mais atenção a você mesmo, ao seu corpo, ao que dispõe como recursos pessoais.

Ponderações: Preconceitos na Comunicação com o Público

Antes de prosseguirmos, gostaria de ressaltar alguns preconceitos em relação à comunicação com o público, dignos de reflexão:

1. É muito simplório acreditarmos que o significado da mensagem se encerra nas palavras. Nós adultos, que nos comunicamos através das palavras, sabemos que elas, principalmente na língua portuguesa, refletem muito mais do que isso. Uma mesma palavra pode ter vários significados dependendo de fatores como: o contexto em que é inserida; o meio social em que os emissores/receptores vivem – a sua cultura, seu estado emocional – entre outros. Considere a situação: para um africano, 14°C é frio, mas para alguém que mora nos pólos, é quente (você não conseguirá convencê-los do contrário!). Agora imagine a cena: o pai de um rapaz de 18 anos diz a seguinte frase: "Tome seu primeiro automóvel, meu filho!" Pense no efeito

desta frase sobre o rapaz (euforia); pense na reação da mãe (preocupação) e do irmão mais novo (inveja, louco para ter também o seu carrinho). Compreendeu quanto pode variar? O Mercosul nos propiciou grandes gafes no uso do espanhol por causa do "portunhol". Dentro do Brasil, encontramos muitas diferenças de região para região. Como foi o caso de uma cadeia de *fast-food* que teve problemas ao inserir o *slogan* "Coma frango!" na campanha de lançamento de um de seus sanduíches. O problema aconteceu porque, no Nordeste, frango significa homem homossexual. Em resumo: falar não é o mesmo que comunicar! Para que a mensagem chegue ao receptor da melhor forma possível é preciso "falar a língua dele"!

2. Não existe uma "regra de bolo" para a comunicação eficaz, cada momento é diferente de outro. Não resolve "decorar" o que deu certo na palestra de hoje para aplicar amanhã. Isso pode representar uma perda da naturalidade ou ser inadequado para o novo público que for assisti-lo. Portanto, cada apresentação será única, cada momento singular – prepare-se para o inusitado, para surpresas, esteja aberto e pronto para o que está por vir. Nada de ficar decorando textos, isso não funciona!

3. Quantidade não é qualidade. Nem sempre falar muito é falar bem. Às vezes, falar demais torna-se improdutivo e o discurso fica prolixo, muito chato e enfadonho.

4. Ninguém fala para alguém: falamos com alguém.

5. Palavras não vão com o vento. O receptor pode até esquecer parte do que foi dito, mas, via de regra, memoriza justamente o que você gostaria que ele esquecesse. Então seja cuidadoso, se organize, planeje!

6. Embora a necessidade de se relacionar com o seu semelhante tenha levado o homem a se comunicar, esta aptidão não é desenvolvida naturalmente: precisa treino, vontade, aperfeiçoamento consciente e constante.

7. A comunicação não é uma forma mágica para resolver todos os problemas, mas, bem utilizada, pode ser uma boa tentativa.

Por isso, acredite que sua intenção de fazer o melhor é sempre um bom primeiro passo. Do contrário, o que seria das negociações, afinal a principal ferramenta do bom negociador é a comunicação e, mesmo assim, o resultado nem sempre é positivo, pois há outros fatores envolvidos. Em outras palavras, não adianta chegar em uma joalheria e pedir de presente ao gerente aquele anel de brilhantes, mesmo que você seja um grande argumentador.

A Comunicação Não-Verbal

A comunicação não-verbal é toda forma de comunicação que não acontece por meio da interpretação pura e simples de palavras. A própria escolha da palavra a ser utilizada em dado momento é uma forma de linguagem não-verbal, embora sua tradução seja considerada linguagem verbal. É a comunicação não-verbal que confere aquele "sentimento inexplicável" por outra pessoa e sua mensagem, sem que tenha havido tempo suficiente de se realizar uma avaliação concatenada em fatos reais. Isto porque este tipo de comunicação acontece de forma subconsciente – diferentemente das palavras, que se desenvolvem conscientemente – e é tão importante que pode viabilizar, ou não, um processo de comunicação. Se gerar algum "bloqueio" no receptor, como, por exemplo, uma antipatia, certamente não será possível transmitir absolutamente nada.

Segundo Watzlawik & Robinson (1991), fenômenos paralingüísticos como tonalidade, rapidez, pausas, sorrisos, gemidos, posturas

```
┌─────────────────────────────────────────────────────────┐
│                              ▭  7% da comunicação ocorrem│
│  55% da comunicação          ⇩  através das palavras e do│
│  se dão por linguagem           seu conteúdo.            │
│  corporal: gestos,                                       │
│  posturas,         ⇦                                     │
│  movimentação,                                           │
│  expressão facial,              ▭                        │
│  respiração, etc.               ⇩                        │
│                                                          │
│                              38% da comunicação se dão por│
│                              nuances da voz humana: tonalidade,│
│                              velocidade, altura, melodia, etc.│
└─────────────────────────────────────────────────────────┘
```

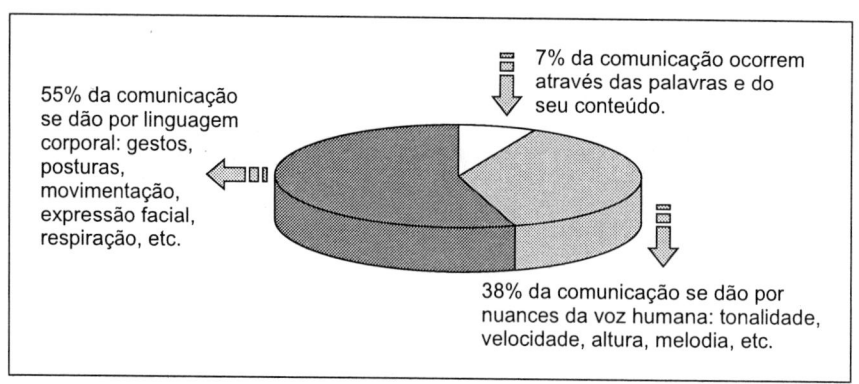

Figura 4

corporais, distanciamento ou aproximação, tom de voz, tremores vocais, gestos, a escolha de certas palavras no discurso, movimentações corporais irão travar o "caminho" de recepção da mensagem.

Considerando o exposto por esses autores, vamos supor a seguinte situação: você está com sede e não quer se levantar para beber água. Então se lembra que seu parceiro poderia levantar-se e pegar a água para você. O conteúdo da mensagem é: "pega água para mim, pois tenho sede", mas se você falar assim, de forma muito direta, pode parecer uma ordem e ele (o parceiro) terá a chance de responder: "Ora, levante-se e pegue!" Então, você vai falar de forma irrecusável, com voz suave: "Amor, estou com tanta sede, mas não queria interromper esta agradável leitura. Por gentileza, pega um copinho de água para mim?". Certamente, dessa forma ficou mais difícil haver recusa, pois passou a tratar-se de um favor, concorda? Essa nuance atribuída à frase é o que chamamos de "mensagem relacional" (ou "de intenção"). Pode apresentar intenção de superioridade, afinidade, indiferença (naquela típica fala por monossílabos, ou com frases reticentes), desejo, irritação, respeito, controle, etc.

Em uma apresentação podemos ser traídos pela linguagem não-verbal emitida através de nosso corpo como, por exemplo, passar a impressão de estarmos nervosos, ou que somos agitados, ao andarmos no palco como "leões enjaulados"; ou de que somos desorganizados, por apresentarmos nosso material de forma imprópria. Enfim, são tantas as pistas que deixamos de nós mesmos que, na verdade, antes de nos apresentarmos já dissemos a que viemos. O melhor que temos a fazer, nessa hora, é relaxar e procurar deixar uma boa impressão, de uma forma bem simples: adotando uma postura receptiva, aberta e disposta a enfrentar a situação com tranqüilidade. Relaxe!

Corpo: Rival ou Aliado?

Poderosíssimo é aquele que tem a si próprio em seu poder.

Sêneca

Você já reparou como ficamos desajeitados exatamente nas situações em que precisávamos apresentar uma postura mais elegante? Já passou pela experiência de ir a uma recepção privada em que não tinha muita intimidade com os anfitriões e começar a esbarrar em todas as mesas, derramar líquidos ou alimentos, enfim algum tipo de incidente acontecer? Este tipo de comportamento deve-se ao grau de tensão que o cérebro designa ao corpo que, ao invés de executar os movimentos conhecidos e rotineiros, passa a enrijecer-se e a adotar gestos mais angulares. Quando percebemos alguém com esse tipo de comportamento, o reconhecemos de imediato como um sintoma de nervosismo. Se for numa palestra, transmitirá ao seu ouvinte que aquela situação é de seu total desconhecimento; que você não sabe o que diz; que é um incipiente; que está nervoso – então, todo o crédito de sua apresentação vai por água abaixo.

É o nosso corpo quem faz a primeira saudação ao outro e à nossa platéia. Antes de abrirmos a boca, ele já disse muito de nós sem que tenhamos percebido. Faça uma pesquisa entre seus amigos, pergunte a eles como você se comporta quando está nervoso: com certeza alguma tradução corporal se manifesta como resposta, junto com muitas surpresas (se tiver um amigo muito exigente e crítico, melhor ainda).

Aliás, os melhores laboratórios para averiguar as revelações não-verbais feitas pelo corpo são o espelho e a observação das pessoas. É bom lembrar que todo pensamento desencadeia uma determinada emoção e o corpo sinaliza. Por exemplo, eu nunca vi alguém deprimido adotar uma postura ereta, nariz para o alto, olhar vibrante, entre outras pistas. Aproveite agora para se olhar no espelho e curta um pouco a sua imagem. Um espelho grande, de corpo inteiro vai revelar um monte de coisas. Quer ver como você se conhece pouco? Feche os olhos e tente recordar da sua imagem física. Procure lembrar-se de algum sinal específico no seu corpo, na sua face. Se existir, tente apontá-lo de olhos fechados, e depois verifique no espelho se você acertou sua localização.

Durante uma apresentação, devemos manter uma postura elegante, confortável, mas não demais. Evite sentir-se muito à vontade. Mantenha-se sempre de frente para a sua platéia e procure não tensionar nenhum segmento corporal, ou seja, nada de manter um braço muito duro ou andar e se comportar como um robô. Complemente seu discurso com gestos moderados.

Caso você faça parte de uma mesa de debates, procure sentar-se adequadamente, suas pernas podem ficar visíveis, sob a mesa, para a audiência. Evite aquelas cenas clássicas: tanto as deselegantes, como a do "famoso pedacinho de sapato à mostra, ultrapassando os limites da toalha da mesa quando o palestrante estica as pernas; quanto as constrangedoras (pertinentes às mulheres usando roupas curtas), quando o palestrante se senta e/ou cruza as pernas distraidamente... Mantenha as pernas cruzadas com discrição ou os pés e joelhos juntos, não entrelace as pernas nos pés da sua cadeira, pois isso é a maior denotação de insegurança que se pode fazer. Além disso, a tensão poderá levá-lo a tropeçar e a outras loucuras mais... Quanto às mãos, mantenha-as à mostra, nada de escondê-las abaixo da mesa.

Curiosidades e Crendices

As crendices populares ilustram bem a importância da comunicação não-verbal. Muita "gente boa" adota comportamentos exóticos só por uma questão de crendice, aprendida com outras pessoas. Ninguém questiona os motivos que levam um grupo a adotar determinado tipo de comportamento, ele acontece e pronto – as pessoas habituam-se a repetir estes procedimentos e uma série de movimentos que não apresentam uma lógica prática evidente sem sequer refletirem sobre sua importância, algumas inclusive se apegam a certos objetos pessoais, elegendo-os como amuletos da sorte. Outras tantas têm crendices, mas que devemos respeitar. Na verdade, devemos respeitar as crendices alheias, pois elas se mantêm sustentadas por valores pessoais e foram "armazenadas" segundo critérios socioculturais que, em grande parte, são cultivadas com raízes emocionais muito fortes como, por exemplo, as que nutrimos pelo que aprendemos com nossos pais. Muitas vezes não questionamos seu real sentido, mas lhes conferimos um valor absoluto!

E se você tentar contrariar essas crendices...

Por exemplo, algumas pessoas não passam debaixo de escadas e nem sabem o porquê. Essa tradição é muito antiga, do tempo em que as pessoas eram enforcadas em praça pública e o corpo permanecia pendurado, minando sangue, como lição para o povo. A superstição rezava que, aquele que passasse debaixo da escada, que levava o criminoso e o carrasco até a forca, se sujaria com sangue do indigno. Outra interessante crendice diz respeito a não comer a última porção de comida que for oferecida. Dizem que, em outros tempos, como numa "roleta-russa", era hábito, para matar alguém, envenenar um dos pedaços oferecidos. Se restasse apenas um pedaço e todos estivessem vivos, aquele seria justamente o envenenado. E o que dizer sobre o aperto de mão? Na época dos Césares, era costume os cavaleiros se cumprimentarem com a mão direita, sacudindo-a, para demonstrarem que estavam desarmados.

Pontos Importantes da Comunicação Não-Verbal

Figura 5

Existem partes do nosso corpo que são realmente muito importantes para a comunicação eficaz. É nessas partes que devemos concentrar nossa atenção, utilizando seu potencial de forma otimizada, buscando realmente o sucesso. Para isso, devemos ter alguns cuidados.

Comportamentos que Traem o Apresentador

1. Inibir-se com alguém na platéia, tendendo a ignorar aquela região onde a pessoa está sentada; ou pior, precisar impressionar

alguém na platéia, fazendo a apresentação apenas para aquele indivíduo, esquecendo-se do resto dos ouvintes.

2. Não saber o que fazer com as mãos, colocando-as no bolso. A situação é ainda mais grave se no bolso existirem chaves ou moedas (elementos que o fazem sentir-se "em casa", criando uma sensação de segurança) – o barulho concorrente leva a platéia à loucura. O lugar adequado das mãos é sempre à frente do corpo, com gestos naturais, complementando o que está sendo dito.

3. Ter tendência a gesticular demais. O palestrante gesticula tanto, mas tanto, que corre o risco de fazer um gesto obsceno, acertar alguém que esteja próximo com um "cruzado" inusitado ou, em se tratando de mesas de debate, derrubar o copo com água do palestrante sentado ao lado. A platéia fica no aguardo do incidente com tanta expectativa que se esquece de prestar atenção no discurso...

4. Portar uma "caneta apontadora" e transformá-la numa verdadeira espada!

5. Ter um comportamento vicioso como, por exemplo, passar as mãos nos cabelos ou empurrar os óculos com o dedo indicador. O apresentador faz isto tantas vezes que a platéia se dispersa e começa a contar a incidência do gesto! E o que dizer daquele indivíduo que costuma estalar os dedos?

6. Perder-se nas próprias memórias... O apresentador prende o olhar no teto do auditório e o pensamento começa a vagar entre os holofotes, trilhos de luz, sujeirinhas no canto da parede... "Bem, sobre o que eu estava falando mesmo, hein?"

7. Usar o *laser pointer* fazendo um verdadeiro efeito pirotécnico para indicar o item que está sendo abordado é para deixar qualquer um tonto!

8. Falar baixo – a platéia reclama, o palestrante aumenta o volume da voz, mas em seguida volta a falar baixo, a platéia reclama novamente e a situação vai se repetindo... A apresentação transforma-se em um verdadeiro cabo-de-guerra!

9. Ter o hábito de fumar, mascar chicletes, beber água toda hora e/ou ler apontamentos demasiadamente.

São tantos os lapsos cometidos que o mais prático seria se tornar crítico o bastante para reparar quando ocorrem com maior freqüência e eliminá-los. O segredo? Bem, não existe um método mais eficiente do que o autocontrole. Preste atenção em você mesmo e divirta-se! É como livrar-se de um comportamento vicioso: só com a consciência do ato, muita boa vontade e obstinação é possível superá-los! E mais: quanto maior a exposição em público, maior o aperfeiçoamento! Não se "pré-ocupe" com os seus erros – ocupe-se pensando em como chegar ao acerto. Essa é a melhor maneira de melhorar sua *performance*!

Cuidados com a Linguagem Verbal

- Escolher palavras que sejam da realidade particular daquele grupo de pessoas, para que não venhamos a receber títulos do tipo "pragmático", "pedante" e outros, que todo aquele que procura se afastar de seu público por meio da escolha de palavras difíceis recebe.

- Evitar o uso de expressões impotentes como: rodeios ("... estou de certa forma comprometido com a pesquisa"), hesitações (ahn..., bem), intensificadoras ("ou seja", "entretanto", "etc."), negativadoras ("Você é meu amigo, não é?").

- Evitar palavras de baixo calão, gírias, excesso de piadas (principalmente se o nervosismo e uma discreta falta de talento para contá-las impedirem a obtenção de êxito no momento).

- Escolher bem as palavras, com o objetivo de não pecar pelo exagero de termos técnicos, estrangeirismos ou de ser simplório demais!

- Conhecer bem os termos a serem abordados para não ser surpreendido com uma palavra mais difícil de ser pronunciada e ser submetido a um verdadeiro trava-línguas em frente ao seu público!

- Falar claramente, com boa voz, boa dicção, boa entonação, boa velocidade no discurso. Assumir sempre um discurso objetivo, em que haja o menor espaço possível para interpretações diferentes daquelas desejadas. Por outro lado, inserir situações metafóricas é muito instigante, pois leva a platéia a pensar e isso é muito interessante para o sucesso da comunicação.

- Extinguir de sua mente expressões como: "a nível de..." (não existe na língua portuguesa); "no sentido de facilitar..." (fale logo "para facilitar", esqueça as complicações); "amanhã estarei lhe mandando..." (só com bola de cristal você poderá prever isto!); "enquanto pessoa, enquanto mulher, etc." ("enquanto" tem conotação temporal – se você não pretende mudar de sexo ou deixar de ser pessoa, é melhor dizer: "como mulher...", "como pessoa...").

Cuidados com a Imagem Corporal

- **Postura** – mantenha uma postura tranqüila sem, contudo, parecer relaxado.

- **Vestuário** – apresente-se bem vestido, arrumado e disponha seu material de forma organizada. No Brasil, as pessoas são muito críticas com relação ao vestuário. Faça uma experiência: vá a uma concessionária vestido informalmente e peça para fazer um *test drive*, indicando uma intenção de compra. Volte bem vestido e peça a mesma coisa sem esquecer de comparar a *performance* do vendedor nas duas ocasiões, é claro! Antes de tudo, evite cometer exageros! Por exemplo, não vá se apresentar com terno e gravata para uma platéia que usa uniformes, nem vista aquele terno marrom se souber que as cortinas do auditório são do mesmo tom... Lembre-se de não provocar nenhum tipo de competição com a sua mensagem.

- Se for se apresentar de pé, procure estar confortável, mas evite desmantelos, como botões mal-abotoados, fechos quebrados, zíper aberto, roupas apertadas. Se ficar sentado, observe detalhes como, por exemplo, se as meias estão bem esticadas, ou se o vestido/saia está acomodado com discrição.

- Evite jóias que reflitam muito a luz do local ou que façam barulho quando você gesticula.

- Muito cuidado com perfumes fortes, são um problema para alérgicos!

- Se você usa óculos, tome cuidado para que as lentes não reflitam muita luz. O ideal é apresentar-se sem eles (obviamente, quando possível).

- **No caso dos homens...**
  - Os ternos podem ser do tipo jaquetão, ou o clássico "três botões", deixando o último botão aberto.
  - O colarinho da camisa e os punhos devem aparecer só um pouco além da gola e dos punhos do terno. O excesso de detalhes polui o visual, portanto evite camisas muito desenhadas ou muito coloridas. Quanto mais voltado ao monocromático, mais chances de acertar no visual você terá.
  - Pelo amor de Deus, fuja das meias brancas! O certo é usar meias de uma cor que combine com a do terno (preferencialmente a cor da calça) ou a do sapato.
  - O sapato deve ser social – o que tem sola de couro; aqueles com solado de borracha são do tipo esportivo.
  - As gravatas devem ser elegantes – aquelas com motivos engraçadinhos não são elegantes, são engraçadinhas. A ponta da gravata termina na altura da fivela do cinto.

- **No caso das mulheres...**
  - As cores devem ser escolhidas pelo critério do bom senso. A padronagem da roupa deve ser discreta e adequada ao seu biotipo (gordinhas ou magrinhas), respeitando o que cada uma já sabe que fica melhor ou não para o seu visual. Um

"pretinho básico" pode ser uma boa escolha, mas estar sempre de preto é capaz levar a platéia a imaginar: "Por que tanto luto?!"

- Os vestidos, saias ou bermudas não devem ser muito curtos. Verifique também se não há furos na meia fina ou se o botão da blusa pode desviar a atenção da platéia. Esses "detalhes" vulgarizam sua imagem.

- Salto alto torna qualquer mulher elegante! Mas é aconselhável ponderar que o palestrante, na grande maioria das vezes, fica de pé, o que pode ser extremamente cansativo. No caso de palestras longas, opte por um salto confortável, senão você poderá correr o risco de, inconscientemente, ficar naquele "sambinha", alternando as pernas.

- A maquiagem deve ser discreta, apropriada para o horário e para a situação. Lembre-se de que, com a luz local sua maquiagem poderá transformá-la de bela em fera!

- As jóias devem ser do tipo discreto, bem moderadas (um relógio, poucos anéis, brincos discretos...) e, principalmente, nada que possa esbarrar no microfone, fazendo aquele barulhão.

- **Freqüência e profundidade respiratórias** – imagine iniciar um discurso, em um microfone potente, com uma respiração ofegante. Como você acha que o receptor iria interpretar isso? Nervosismo, ansiedade, tudo o que representa este padrão de respiração. Por outro lado, se for possível, procure perceber o ritmo respiratório de seu público. Uma platéia com respiração profunda pode denotar cansaço, desestímulo, indicando que é hora de mudar o padrão que estava sendo adotado – alterar velocidade e altura da sua voz, por exemplo, é uma boa opção.

- **Voz** – a voz é uma forma sonora de dizer o que somos. Estudos comprovam que a voz é mais eficiente do que uma digital, pois cada ser humano tem o seu tom fundamental específico, individual e único. Numa apresentação, procure falar num tom mais alto do que o ambiente solicita. Este esforço fará com que você fale um pouco mais devagar, o que ajudará na dicção, além de denotar liderança e segurança no conhecimento do assunto abordado. Por ser a voz um item tão importante em nossa comunicação, este tema será abordado mais detalhadamente adiante, no tópico "O valor da voz".

- **Uso de microfones** – se o microfone for fixo em uma mesa ou púlpito, mantenha uma distância razoável dele, procure falar pausadamente e, principalmente, pondere seus gestos para evitar esbarrar no aparelho, causando um barulho incômodo no ambiente. Se for um microfone de lapela, aja naturalmente, a tridimensionalidade de sua voz se encarregará de garantir a qualidade da projeção vocal – não é preciso "abaixar a cabeça" ou fazer qualquer gesto para facilitar a projeção de sua voz. Se o microfone estiver em suas mãos, mantenha-o a uma distância razoável da boca (aproximadamente um palmo), evite encostá-lo em qualquer lugar que seja e fale normalmente. Procure pronunciar bem as palavras, e no caso de alguns sotaques, como o carioca, suavize o /s/ no final das palavras para tornar a sua fala mais sonora.

- **Gesticulação** – a gesticulação é muito importante! Alguns gestos são verdadeiros emblemas na sociedade como, por exemplo, o ato de apontar, o ato de elevar o indicador como proposta, o aceno, o esfregar as mãos denotando nervosismo, entre outros. O gesto contribui para a compreensão do que está sendo dito, e complementa, "acompanha" a palavra – não a substitui e nem deve precedê-la – portanto, tem de estar de acordo com ela. Os gestos devem ser adequados e bem dosados, em uma velocidade que traduza tranquilidade, mas que nem por isso caia na monotonia. Nem demais, nem de menos, sua função básica é complementar a fala e não lhe roubar a cena! Faça uma pesquisa: observe os gestos que representam partilha, passado/futuro, sequências, união/separação, energia, negação/afirmação nos diferentes grupos sociais dos quais fizer parte. Será que existem semelhanças entre políticos, religiosos, camelôs, pedintes, professores? A gesticulação eficiente nas apresentações em público é aquela feita acima da cintura e abaixo do queixo, caso estejamos em pé. As mãos devem ser mantidas sempre à frente do corpo, apoiando-as uma na outra, e nunca cruze os braços para fazê-lo! Não devemos gesticular na altura da cabeça, pois impedirá a leitura de nossos lábios e a visibilidade da mímica facial. A propósito: não aponte com o dedo para ninguém, muito menos para a platéia, mas se precisar fazê-lo, use o braço todo, esticado. Algumas pessoas, por mau costume, têm o hábito de falar com o dedo indicador em riste sem se darem conta que muita gente tem sérias restrições a este tipo de conduta, que lhe parece agressiva e grosseira. Exceto em situações muito especiais, evite qualquer tipo de contato físico com a platéia, tais como tapinhas nas costas, mão no ombro, etc. Da mesma forma, nunca se aproxime demais de alguém a fim de ouvir melhor uma pergunta ou ponderação. Peça, gentilmente, que a pessoa repita em voz alta e quando for responder faça-o para "todas as pessoas" e não exclusivamente a quem perguntou. E, jamais esqueça de agradecer a pergunta ou ponderação feita, mesmo que contrarie as posições que você está defendendo.

- **Expressão ou mímica facial** – o ideal é uma postura relaxada dos músculos e do sorriso, o que irá representar uma postura receptiva. Sorrisos são sempre bem-vistos, porém não passe uma imagem artificial, nem se exceda! Muito sorriso dará excessiva abertura ao seu interlocutor, que se sentirá familiarizado com você. Para estabelecer uma certa distância, mantenha a simpatia "sob controle"! Não seja excessivamente acessível, pois isto decresce o seu grau de notoriedade!

- **Atenção ao olhar** – ele pode ser cúmplice da nossa comunicação ou, simplesmente, inimigo. Enquanto falamos, ele exerce um diálogo paralelo transmitindo confiança ou dúvida, dependendo de como nós "ordenamos" que se comporte. Ao falar em público, o olhar deve ser amplo, dirigido a todas as pessoas.

Você não pode nem deve concentrá-lo em uma única pessoa ou direção, tampouco falar só para a primeira fila. Agindo assim colocará em risco a sua atuação, pois logo os demais se sentirão preteridos e começarão a se dispersar. Contato visual significa olhar como se você estivesse falando a cada pessoa individualmente. É olhar nos olhos, se apresentando integralmente. Este tipo de atitude promove a atenção e o interesse mesmo quando o apresentador não consegue ver o auditório. Uma técnica recomendável aos "marinheiros de primeira viagem" em apresentações para grandes públicos é se acostumar a falar olhando para as pessoas das últimas filas, com sobrevôo esporádicos sobre a platéia. Ao fazer isso, todos terão a sensação de estar sob permanente vigilância do orador. Para facilitar o contato e aumentar o alcance da varredura visual, o apresentador pode, e deve, se deslocar de sua posição central e adentrar mais o grupo, seja indo e vindo, como em um passeio pelo centro do auditório, ou por uma das laterais, quando possível. Também não é de bom-tom desviar os olhos, fixando-os no teto, paredes ou qualquer outro ponto morto do ambiente. As pessoas para quem você fala devem perceber e sentir que você está falando com elas e para elas. Recomenda-se, ainda, justamente pela resposta que a percepção de seu público lhe proporciona e pelo significativo incremento que o seu corpo traz à comunicação, que o apresentador não se esconda atrás de uma mesa embora, eventualmente, possa ficar lá.

Algumas Ponderações

Curiosidades Sobre o Olhar

Faça uma experiência: peça para alguém imaginar um cavalo voador vermelho e observe a posição que os olhos da pessoa irão assumir. Certamente se voltarão para o lado direito, no canto superior, podendo variar apenas no caso de canhotos. Pesquisas realizadas pela neurolingüística perceberam que a maioria dos indivíduos tende a adotar um comportamento único diante do resgate mental de determinados estímulos ou sua criação. Uma certa empresa de vendas incluiu, na lista de requisitos de seus funcionários, o uso de gravatas com cores berrantes. Certamente esses vendedores serão lembrados por seus clientes pela gravata.

Os movimentos direcionados para o lado direito estariam ligados à criação da imagem da experiência não vivida anteriormente, mas criada, imaginada naquele momento. Os que se direcionam para a esquerda do corpo estariam ligados à lembrança do fato real, vivido anteriormente, experimentado pelo indivíduo. Ao elevarmos os olhos estaríamos nos relacionando com estímulos visuais: uma imagem, um fato que tenha impressionado pelo seu impacto visual. Quando os olhos se posicionam lateralizados, referem-se a estímulos olfativos: um perfume agradável, uma comida com aroma delicioso, o "cheiro de mofo" daquele auditório, etc. Quando os olhos se posicionam para baixo, referem-se a experiências cinestésicas e gustativas: um gosto especial naquela comida, a sensação de fugir de um perseguidor, etc. Inconscientemente, as pessoas são capazes de perceber esses movimentos e também, de alguma forma, associá-los à ação correspondente.

É importante saber estes detalhes para transmitir melhor a própria imagem. Portanto, pode-se concluir que, em se tratando de comunicação, o melhor lugar para nossos olhos é o olho do outro. Dessa forma não deixaremos pistas quanto à intenção de nossos argumentos pela posição dos olhos, além de percebermos o que se passa com os nossos ouvintes. Expressões como franzir a testa ou comprimir os olhos poderão estar nos "dizendo" que a mensagem não está compreensível. Fique atento às pistas que o ouvinte lhe dá!

Distâncias Interpessoais

"Dois corpos não ocupam o mesmo lugar no espaço." Através desse enunciado, a Física nos propôs a mais valiosa das idéias: o meu

Figura 6

espaço só pode ser ocupado por mim mesmo e no meu "mundo interior" só entra quem eu permitir. Mas qual é o seu limite? Bem, seu limite de crescimento pessoal é infinito e só você pode conduzir seu crescimento ou bloqueá-lo, permanecendo pequeno. Sair da mediocridade só depende da sua vontade. "O limite do seu corpo é delimitado pela sua geografia", como diriam os poetas. Mas seu limite social, ou aquela distância que os outros precisam respeitar para que os relacionamentos fluam de forma respeitosa, pode se modificar dependendo do seu interlocutor e da situação vivida. Esse comportamento é comum aos animais, principalmente aos pássaros e mamíferos (e entre estes o homem) e tem por instinto defender seu território contra a presença de indivíduos de seu grupo e de outras espécies.

O homem, em especial, também estabeleceu algumas distâncias nas suas relações com outros indivíduos. Com o tempo, através da evolução natural e relativamente pacífica da espécie, a "distância de fuga" e a "distância crítica" foram eliminadas, só ocorrendo excepcionalmente, em casos bastante específicos. Em troca, somado à distância pessoal e à social, criou mais duas: a íntima e a pública. Vejamos as quatro distâncias presentes nas relações humanas:

- **Distância íntima** – engloba uma área circular, com mais ou menos 50 cm de raio, em torno da pessoa. É a distância em que a presença do outro se impõe de forma ostensiva. Nesse espaço ocorre o contato corporal através das percepções do hálito, odores, respiração, etc. Trata-se de "área de segurança máxima" do indivíduo, onde ele é afetado independente da própria vontade. Pode-se entender a importância dessa distância imaginando a seguinte situação: Suponha o reencontro de dois amigos depois de muitos anos, numa rua estreita, onde várias outras pessoas estão transitando. Não será incômodo o esbarrão dos outros – para os amigos e os outros também? E, além disso, talvez a obrigatoriedade de estarem fisicamente mais próximo do outro do que gostariam, devido à falta de espaço? E que tal aquele conhecido que tem a mania de conversar "cutucando" os outros?

- **Distância pessoal** – ocupa uma circunferência de mais ou menos 80 cm de raio. É uma espécie de área privada que o homem estabelece para si e em torno de si instintivamente e, independentemente do lugar onde esteja, o espaço demarcado por essa distância torna-se uma espécie de "área de segurança", garantindo-lhe uma série de imunidades contra a presença alheia como odores, temperatura, possíveis ataques, etc. Por exemplo, quando estamos numa rua com poucas pessoas e alguém se mantém atrás de nós, temos uma sensação desconfortante como se o indivíduo estivesse nos seguindo.

- **Distância social** – é uma área estimada em mais ou menos 2,5 m de raio. Essa é a circunferência instintivamente aceita como espaço da comunicação direta, pessoal, e onde as pessoas nela inseridas passam a compor o nosso universo mais imediato, mais possível como, por exemplo, quando sentamos na sala para conversar com uma visita.

- **Distância pública** – é a área externa a uma circunferência com mais de 6 m de raio. Devido à distância, torna-se naturalmente alheia à existência imediata do indivíduo. É aquele espaço do "não tenho nada a ver com isso" ou do "isso é lá com eles".

Nas relações interpessoais, contudo, o homem pode se deparar com situações que contrariem esse padrão instintivo. Há pessoas que fogem deliberadamente do contato físico, enquanto outras o procuram inclusive por puro reflexo cinestésico. Estabelecer distâncias, por isso mesmo, requer uma percepção apurada das necessidades alheias. Pessoas tímidas (ou intimidadas), por exemplo, procuram se situar na margem extrema do espaço social quando em contato direto (comunicação direta) com outrem. Já as extrovertidas desrespeitam com facilidade os limites do espaço íntimo sem que isso represente um perigo, de fato, à nossa posição.

O ato de transpor ou não estas distâncias interpessoais irá depender da situação e do grau de intimidade, dentre outros fatores, impos-

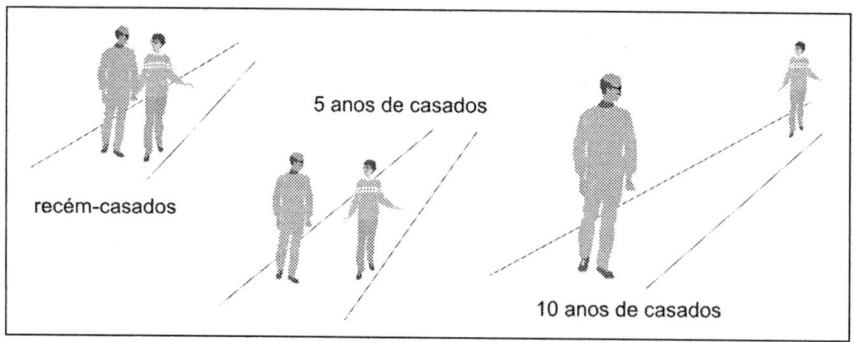

Figura 7

síveis de se prever numa palestra ou numa aula. É sempre bom agir com cautela para que se estabeleça uma relação de respeito mútuo. O conhecimento dessas distâncias e o respeito ao que elas determinam instintivamente podem facilitar em muito os programas de comunicação interpessoal e em grupo. Um dos fatores que determinam a eficácia na recepção das mensagens é o estado de "pronta recepção" do nosso "alvo". Uma pessoa incomodada ou irritada não assimila bem as informações que lhe chegam. Assim sendo, deixá-la à vontade é condição fundamental no processo. Se há que chegar, que se chegue respeitando os limites de cada um.

Rapport

    Fui dominado por um desejo intenso de ver Holmes de novo, de saber como ele estava usando seus poderes extraordinários. Seus aposentos estavam bem iluminados. No exato instante em que olhei, divisei seu vulto alto e magro passar duas vezes, uma silhueta escura, no outro lado da persiana. Ele andava pela sala em passos rápidos, ansiosos, a cabeça pendendo para o peito, as mãos cruzadas nas costas. Para mim, que conhecia cada variação de humor e cada hábito seu, aquela atitude e aquele comportamento me diziam muita coisa. Ele estava novamente em ação. Saíra dos sonhos criados pela droga e se empenhava na pista de algum novo problema. Toquei a campainha e fui conduzido à sala que antes também fora minha em parte.

    Seus modos não foram efusivos; quase nunca eram. Mas, estava contente, eu acho, por me ver. Quase sem dizer nada, mas com um olhar gentil, acenou para uma poltrona. Estendeu a caixa de charuto, indicou uma garrafa de conhaque e um bico de gás no canto. Depois, parou diante do fogo e me fitou, naquele seu jeito singular, introspectivo.

    – O casamento lhe fez bem – comentou ele. – Creio, Watson, que você engordou três quilos e meio desde que o vi pela última vez.

    – Só três! – protestei.

    – É verdade. Eu deveria ter pensado um pouco mais. Só um pouco mais, Watson. E voltou a trabalhar, posso observar. Não me disse que pretendia clinicar de novo.

    – Então, como sabe?

– *Eu vejo e deduzo. Como sei que você tem apanhado muita chuva ultimamente, e que tem uma criada das mais ineptas e descuidadas?*

– *Meu caro Holmes, isso é demais! Você com certeza seria queimado na fogueira como bruxo se vivesse há alguns séculos. É verdade que dei uma volta pelo campo na quinta-feira e voltei para casa num estado lamentável. Mas, como troquei de roupa, não posso imaginar como você deduziu. Quanto a Mary Jane, ela é mesmo incorrigível. Minha esposa já lhe deu o aviso prévio. Mas continuo sem entender como você descobriu.*

Ele riu para si mesmo, enquanto esfregava as mãos longas e nervosas.

– *Elementar meu caro Watson. Meus olhos me dizem que no lado interno do seu sapato esquerdo, onde a luz do fogo se reflete, o couro está marcado por seis arranhões quase paralelos. Obviamente foram feitos por alguém que raspou com todo o cuidado em torno da beira da sola, a fim de remover uma crosta de lama. Por isso, minha dupla dedução, a de que saiu debaixo de chuva e a de que tinha uma representante das mais perniciosas da criadagem de Londres. Quanto ao fato de ter voltado a clinicar, se um cavalheiro entra em meus aposentos cheirando a iodofórmio, com uma marca preta de nitrato de prata no dedo indicador direito e uma protuberância no lado direito da cartola, que mostra onde esconde o estetoscópio, eu seria obtuso se não percebesse logo que se trata de um membro ativo da profissão médica.*

Não pude deixar de rir pela facilidade com que ele explicou seu processo de dedução.

– *Quando o ouço dar suas razões – comentei –, tudo me parece tão absurdamente simples que eu mesmo poderia tirar as mesmas conclusões com a maior facilidade. Acontece apenas que em cada exemplo sucessivo de seu raciocínio, eu fico aturdido, até que você explica o processo. E, no entanto, creio que meus olhos são tão bons quanto os seus.*

– *Tem toda razão – respondeu Holmes, acendendo o cachimbo e também arriando numa poltrona. – Você vê tudo, mas não observa.*

(DOYLE*, apud ADLER & TOWNE, 1999)

Vimos que a comunicação não-verbal é aquela que, a princípio, realizamos sem intenções. E por seu caráter inusitado, natural, e de verdadeira expressão do "eu interior" representa uma grande ferramenta para estabelecermos o *rapport* com nossos ouvintes.

---

* *Sir* DOYLE, Arthur Conan. A scandal in Bohemia. In: *As aventuras de Sherlock Holmes.*

Entende-se por *rapport* (do francês *rapporter*) a relação harmônica estabelecida entre emissor e receptor, que interagem com afinidade e concordância, baseados na mútua confiança, a fim de atingirem um objetivo comum. O *rapport* baseia-se no princípio de que para "confiar no preço do outro" é preciso antes, acreditar no sujeito. É a valorização da confiança, da amizade, da integridade, da boa-vontade e do cavalheirismo, com reconhecimento das forças de cada um desses elementos.

É fundamental que o *rapport* seja alcançado – é condição imprescindível para um bom processo de comunicação por ser um meio bem eficiente de cativar a empatia do ouvinte. O *rapport* tem sido largamente estudado pelas diversas correntes psicológicas existentes no mundo, porque se chegou à conclusão que é um elemento fundamental para qualquer relacionamento, seja em família, nas escolas, em negociações e nas empresas, enfim, qualquer situação em que duas ou mais pessoas estejam unidas por um mesmo objetivo. Você já ouviu a expressão "Quando um não quer, dois não brigam"? Este ditado popular é a melhor "tradução inversa" do que, na prática, vem a ser o *rapport*, pela ressalva de que podemos "amolecer" o coração daquele que não quer, fazendo-o mudar de idéia e passar a querer rapidinho!

Quando o *rapport* se estabelece, o espelhamento entre as partes começa a acontecer. Espelhamento é uma espécie de imitação involuntária de movimentos ou acontecimentos. Emissor e receptor começam a, reciprocamente, copiar os movimentos, o ritmo respiratório, enfim, as manifestações não-verbais um do outro. É como se houvesse, naquele momento, um encaixe perfeito – a harmonia, descrita por uma postura positiva que cada elemento desse tipo de comunicação assumirá. Em contrapartida, uma pessoa com a postura desleixada, ausente, um olhar longínquo e que, muito freqüentemente, fica rabiscando algum pedacinho de papel, indica que não houve o *rapport*. Você já observou numa conversa a dois que, quando o assunto começa a ficar interessante para o ouvinte, ele muda sua postura corporal? Ele volta o tronco mais para a frente, em direção ao emissor, a fisionomia dele se altera e, então, o "estalo" do aumento da atenção acontece.

Embora ocorra muitas vezes de forma subconsciente, o *rapport* também pode ser usado conscientemente, a partir do momento em que somos capazes de perceber os padrões de comportamento do ouvinte.

Uma forma bem clássica e eficiente de induzir o *rapport* em uma apresentação é iniciá-la fazendo referência a acontecimentos ligados àquele grupo de pessoas, demonstrando ter interesse pela situação social delas e estar informado dos mais recentes acontecimentos e novas tecnologias desenvolvidas naquele setor. Colocar-se solidário é uma boa forma de cativar o outro. Por exemplo, se o público é formado por indivíduos ligados à área de Informática, deve-se inserir termos e exemplos relacionados a esse setor, valorizando assim o trabalho do interlocutor. Qualquer dúvida, volte um pouquinho na leitura deste livro!

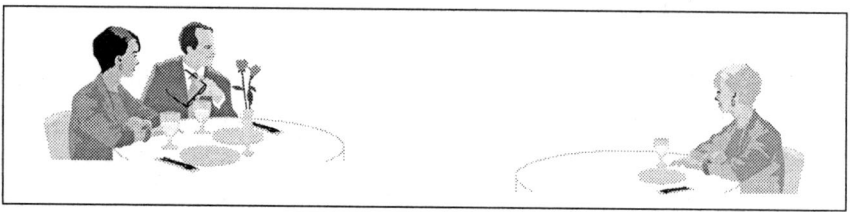

Figura 8

A Importância da Confiança Mútua

Procuramos alcançar o *rapport* para termos êxito em nossa apresentação. O objetivo maior desta preocupação, tanto em alcançá-lo como em mantê-lo, é fazer com que o receptor se sinta bem em nossa presença! Conseguimos manter o *rapport* quando o receptor percebe que é compreendido na essência, tendo suas características pessoais (conscientes e inconscientes) respeitadas, e sente-se à vontade para ser quem realmente é. Ao conquistar o respeito e a confiança do ouvinte, podemos passar para o estágio seguinte, que consiste em "conduzi-lo para aquele resultado" estabelecido como o objetivo da palestra (curso, etc.).

Embora você esteja pensando que tudo isso é humanamente impossível, muitas vezes já deve ter passado por situações semelhantes, em que acontece o *rapport*. Por exemplo: com certeza você já teve a oportunidade de conversar com alguém que, ao final de sua exposição, foi capaz de resumi-la em poucas palavras e de forma correta –

apresentando inclusive uma avaliação final do caso. E sem que houvesse qualquer intenção neste ato, o interlocutor acabou inibindo-o inclusive de ter qualquer iniciativa de questionar tanto a síntese quanto o "parecer" final do caso. Toda a conversa se desenrolou como se o ouvinte pudesse ler os seus pensamentos! E, no final, ainda ficou a impressão de ter conversado com um verdadeiro amigo, daqueles que o conhecem profundamente! Esta é uma clássica situação em que o interlocutor se utiliza da vivência pessoal que o expositor tem do problema, resumindo-a aproveitando as palavras proferidas na exposição do caso, conduzindo o pensamento do outro para sua própria visão pessoal.

Além do espelhamento, um outro aspecto que incrementa o *rapport* é o fato de que nenhuma das partes envolvidas se esconde ou se protege da outra. Mas para que isso aconteça alguém precisa dar o primeiro passo e esse alguém é você – cuja intenção principal é transmitir sua mensagem – que está numa posição de vantagem: a do espaço concedido. Quando uma pessoa se predispõe a ouvir outra é porque lhe concedeu espaço para falar. Esta revelação vai acontecendo paulatinamente: você não se aproxima de um desconhecido e começa a se abrir de uma vez; tampouco, numa palestra, vai assumir seu nervosismo no primeiro momento.

Um terceiro aspecto do *rapport* é o nível de revelações que se pode fazer a uma pessoa e para um público. Cabe considerar que cada ouvinte é diferente do outro e, portanto, receberá suas informações de forma diferenciada. Um pouco de sensatez é sempre garantia de sucesso em seus relacionamentos. Aquele que consegue revelar um pouco de si para o grupo acaba adquirindo uma posição de vantagem (nem todos têm a mesma coragem) e abre espaço para que o outro também se sinta à vontade (é muito importante criar laços, neste momento) permitindo que se construa uma relação, um vínculo, mesmo que seja apenas durante os seus 15 minutos de fama.

Formas de Facilitação para o Rapport

Cada um percebe o mundo à sua própria maneira. Vamos encontrar pela frente todo tipo de gente e não nos cabe julgá-las, apenas precisamos nos relacionar bem com elas. Algumas pessoas possuem maior acuidade a **estímulos visuais** (e, por exemplo, traduziriam o mundo como uma bola azul), outras irão se impressionar mais com os **estímulos auditivos** (o mundo, para elas, poderia ser comparado a uma sinfonia); ainda existem aquelas que se impressionam mais com os **estímulos cinestésicos**, ligados ao movimento, ao sentir – (para elas o mundo seria uma festa ou o caos).

Ao utilizar frases predicadas em suas falas, nossos interlocutores nos darão pistas de qual é o seu sentido mais impressionável e nós, sabiamente, vamos enriquecer nossas falas de tudo o que possa facilitar sua estimulação. Para facilitar o estabelecimento do *rapport* podemos nos espelhar, mimetizar, imitar ou ajustar-se ao comportamento verbal e não-verbal do outro, movendo-se em harmonia. Devemos fazer isso com a máxima discrição, evitando assim incorrer na imitação vulgar.

Então, passe a prestar atenção nos tipos de predicado que aparecem mais insistentemente na fala de seu parceiro, de seus amigos, dos colegas de trabalho e comece a ensaiar sua acuidade. A seguir, há uma lista das frases utilizadas com mais freqüência por estes três grupos, mas há muito mais – comece a ficar atento.

Visuais
olho por olho...parece, para mim...veja bem:...dá uma olhadinha...idéia clara...roxo de raiva...isso é bem claro... em pessoa...pra baixo...
Auditivas
presta atenção...alto e claro...palavra por palavra...sintonizando... detalhadamente...dobra a língua...fala sério...fala francamente...
Cinestésicas
agüenta firme...nas nuvens...cartas na mesa...na corda bamba...segure firme...começar do nada...assim seja...cabeça fria...acalorada...

Se no seu local de trabalho já foi ventilado algum assunto ligado a Qualidade Total, com certeza você já ouviu algo sobre "identidade visual da empresa". Algumas firmas instituíram um padrão visual de uniformidade: em qualquer lugar do mundo as instalações das filiais serão sempre iguais às da matriz. Algumas agências bancárias, cadeias de *fast-food*, têm a mesma cara, seja no Brasil, no Japão ou em Nova York. Essa sensação de "se sentir em casa", quando vemos ou ouvimos algo que nos reporta a nossas origens, é o que se pretende estabelecer com o auxílio do *rapport*.

O Valor da Voz

Tomemos como exemplo a fala tradicional dos sargentos ao darem ordens aos seus soldados. Agora, imaginemos esse mesmo sargento anunciando o próximo vôo e entenderemos o valor da voz. Tenho certeza de que muita gente se arrependerá de voar e voltará para casa, pois o medo de andar de avião pede que a voz que anuncia os vôos seja suave, calma, que inspire tranqüilidade, e não o contrário.

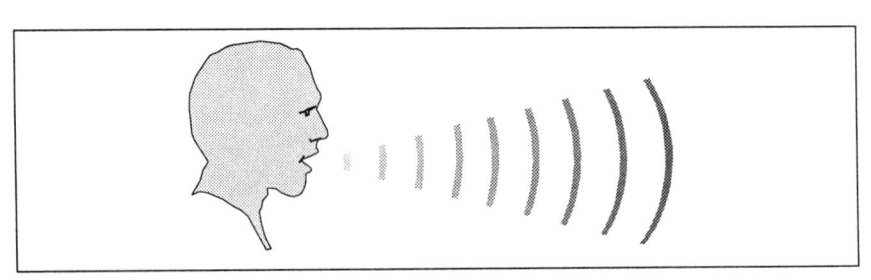

Figura 9

A palavra falada é dinâmica, modular e tem extensões que lhe dão formas adequadas ao momento ou à situação em que é proferida. Assim sendo, é necessário refletir um pouco sobre o fenômeno da voz – um dos atributos da nossa fala – ao discorrer sobre a comunicação propriamente dita. Entende-se por voz os sons produzidos pela laringe e, por fala, a articulação dos fonemas. Esses sons, mentalmente organizados, são capazes de expressar uma idéia. Quando pode ser entendida por outras pessoas consideramos que a missão foi cumprida, ou seja, que estabeleceu-se a comunicação.

Cuidados com a Voz

De modo geral, as pessoas não dão a devida atenção à própria voz, exceto quando uma faringite ou laringite afeta a sua normalidade – fora dessas circunstâncias, soa como algo comum. Acostumamo-nos a ela, mesmo quando é muito aguda ou ruidosa, ou a nossa voz vai adquirindo nuances da idade, à medida que envelhecemos – e nós nem reparamos! Aliás, salvo raras exceções, pelo telefone podemos distinguir se a voz é de uma pessoa jovem ou mais idosa, se de homem ou de mulher.

A sua voz satisfaz as suas expectativas? E as dos outros? Este é o primeiro cuidado a ser tomado. A voz que você ouve não é percebida da mesma forma por você e pelos outros. É muito comum depoimentos desse tipo a respeito da própria voz: mal reconhecê-la na gravação em secretária eletrônica, ou considerá-la infantil, enrouquecida, sem graça nenhuma. Muitos desses julgamentos não condizem com a realidade. O segredo é que o seu ouvinte escuta apenas o som que você produz nas cordas vocais – graças a um sopro aéreo emitido pelos pulmões, que se propaga em contato com seu sistema ressonador (formado pelo tórax e pelas cavidades nasobucofaríngeas), enquanto que você o escuta acrescido da ressonância nos ossos do crânio, o que o modifica bastante. Além disto, este parecer quanto à qualidade da voz é incrementado com aspectos que psicologicamente formam a auto-imagem.

A origem da voz está na respiração, os pulmões são o gatilho de tudo. Por isso, é muito importante assumirmos maior responsabilidade quanto à qualidade de nossa respiração, que deve ser diafragmática ou, em termos mais simples, aquela que faz a barriga se inflar durante a inspiração e murchar na expiração. Os ombros não se mexem durante este processo, tampouco precisamos inflar o peito – embora seja costume as pessoas leigas afirmarem o contrário.

Se você deseja aprimorar sua voz falada, deve considerar, antes de tudo, que ela difere da voz cantada em alguns procedimentos. É importante lembrar também que estresse, cansaço e vícios como o fumo, podem alterá-la.

A voz é um dado fundamental para quem deseja aprimorar sua capacidade de relacionar-se com o outro. É ela que mais informações fornece sobre o mundo interior de seu interlocutor, permitindo travar um elo realmente forte com ele.

Figura 10

Precisamos ouvir a voz do outro! Isso acontece, fenomenalmente, desde que somos crianças: nos acalmamos ao ouvir a voz da nossa mãe (referencial de segurança e conforto), nos educamos/condicionamos a cumprir determinados horários ao ouvir a voz de certas pessoas. Assim, vamos registrando tudo em nossa mente até chegarmos ao estágio atual: sendo capazes de perceber nuances de amor, austeridade, responsabilidade, alegria, apenas pelo timbre da voz do outro, sem nos preocuparmos com a mensagem proferida. Através dessa dinâmica aprendemos a ser mais carismático, carinhoso, mais bem-aceito e a utilizar a voz certa, na hora certa!

Exercícios Propostos

1. **Registro de emoção na voz** – Escolha uma palavra qualquer e a pronuncie algumas vezes, associando a esta sentimentos de raiva, amor, pena, dúvida, ódio, etc. Peça a alguém próximo que ouça a sua voz e tente adivinhar o sentimento que você está querendo expressar.

2. **Avalie sua fala** – Fala é a maneira como a linguagem se manifesta por meio de um mecanismo articulatório. Uma condição excelente de fala é aquela em que as duas partes envolvidas (voz e dicção) estão em ótimo estado. Então, para que haja uma perfeita produção da fala é necessário que seu aparelho fonador (língua, dentes, palato ou "céu da boca", nariz) esteja bem preservado além de um bom "soprinho de ar" que, ao fazer vibrar as cordas vocais, emite um som que será articulado. Para avaliar sua fala verifique o seguinte:

2.1. Quando você fala, o som da sua voz é:

( ) agradável ao seu ouvido	( ) rouco
( ) agradável ao ouvido do outro	( ) alto
( ) muito estridente	( ) baixo
( ) muito grave	( ) sem "colorido"

2.2. Quando pronuncia as palavras:

( ) algumas "letras" (no caso fonemas) não são pronunciadas	( ) fala muito rapidamente
( ) o final das frases ou palavras não é pronunciado	( ) fala muito devagar
( ) Verificou algum outro problema? Qual?	

3. **Avalie a qualidade de sua voz** – Um excelente exercício para avaliar e melhorar a qualidade da sua voz, preparando-o para falar em público, é trancar-se em um quarto e gravar sua leitura de um texto em voz alta. Depois, escute a gravação e marque no texto as palavras e períodos nos quais a sua voz não lhe pareceu audível ou bem colocada. Ouça essa fita, no mínimo, umas três vezes e, em seguida, repita esse exercício (grave uma nova leitura) corrigindo os erros assinalados. As ocorrên-

cias mais comuns são: diferenças no volume do início para o fim das frases, falta de fôlego para cumprir a pontuação indicada, monotonia, entre outras.

Incremente este exercício passando a gravar sua fala de improviso ao invés de ler algum texto. Observe que as frases devem ser pronunciadas com a mesma altura de voz, do início ao fim, e a inflexão (aquelas modulações que fazemos, por exemplo, para perguntar algo, enumerar dados ou dar ênfase a algum elemento numa frase) deve ser adequada ao texto e ao caráter do assunto – não se pode dar uma notícia fúnebre com voz que denote entusiasmo! Nesse caso a inflexão deve ser mais para baixo ou, em linguagem popular, "mais séria".

Estética Vocal

Sabemos que as palavras assumem significados diferentes em situações diferentes e em épocas diferentes, porém o mais impressionante é que elas abrangem uma escala bem maior de significados quando pronunciadas por vozes diferentes. Um escritor depende tão-somente das palavras e das regras de gramática para expressar os seus pensamentos. Já o orador precisa de mais do que isso, devendo utilizar quatro princípios básicos:

- pontuação;
- projeção;
- volume;
- ritmo.

Pontuação

Em oratória, uma pausa sem qualquer som pode corresponder a uma vírgula, um ponto, um ponto-e-vírgula, dois pontos ou reticências. É preciso que o orador tenha consciência desse "tempo de silêncio" já que, mais do que uma simples interrupção, esta pausa é um "indutor psicológico" – é o tempo que o ouvinte precisa para "respirar" a mensagem e entendê-la mais corretamente. Num discurso, muitas vezes um breve silêncio vale por uma centena de palavras.

Um bom exercício para melhorar a pontuação, na oratória, é a leitura de poesias, procurando modificar-lhes o sentido, mudando apenas o local das pausas de silêncio. Então, leia a frase a seguir, de Gandhi, fazendo uma pausa após as palavras em negrito. Ouça com cuidado a diferença que isso traz para o sentido da frase.

- "Cada um tem que encontrar a paz em seu **íntimo**. E a paz, para ser verdadeira, não pode ser tumultuada pelas circunstâncias externas."

- "Cada um tem que encontrar a **paz** em seu íntimo. E a **paz**, para ser verdadeira, não pode ser tumultuada pelas circunstâncias externas."

- "Cada **um** tem que encontrar a paz em seu íntimo. E a paz, para ser verdadeira, não pode ser tumultuada pelas circunstâncias externas."

- "Cada um tem que encontrar a paz em seu íntimo. E a paz, para ser **verdadeira**, não pode ser tumultuada pelas circunstâncias externas."

Projeção

Para projetar a voz, o orador precisa saber controlar sua respiração de forma a aproveitar bem a sua capacidade pulmonar, do contrário será obrigado a fazer várias pausas respiratórias para atender ao seu abastecimento aéreo, prejudicando assim a cadência do discurso.

Observe, entretanto, que projetar a voz não é gritar, é dar-lhe pujança e vigor na hora em que isto se fizer necessário. O som propaga-se de forma tridimensional, por isso é importante falar em uma altura razoável, para o centro do ambiente, garantindo assim menor esforço do aparelho fonador e um conforto maior para nossos ouvintes.

Volume

O "volume" acrescenta cor, variedade e vibração à sua voz, mas falar todo o tempo no mesmo volume torna-se cansativo para quem ouve. É preciso modular adequadamente a voz, aumentando e abaixando o volume segundo as exigências do momento. É importante, contudo, observar que certas "variações" são desestimulantes para a platéia:

- **Alto demais** – intimida os ouvintes, que passam a considerar o orador ameaçador ou insuportável, além do inconveniente de prejudicar o mecanismo da fala.

- **Baixo demais** – no início, as pessoas até tentam ouvir o orador mas, aos poucos, vão se cansando e acabam perdendo o interesse pelo que está sendo dito.

- **Estridente demais** – uma pessoa estressada ou ansiosa tende a falar com estridência e, quanto mais estressada, mais estridente se torna o tom. O público começa a perceber essa situação e vai ficando irritadiço também, por empatia.

Ritmo

Ritmo é a velocidade que o orador imprime ao seu discurso. Há momentos em que "falar devagar" se faz necessário, enquanto em outros não faz a menor diferença. Assim sendo, é preciso dosar direitinho a velocidade do discurso.

Ao transmitir uma informação importante, deve-se reduzir o ritmo e falar mais pausadamente; em seguida, retome a velocidade original e vá em frente. Falar sempre no mesmo ritmo e volume deixa os ouvintes entediados e é bem provável que eles peguem no sono, ou não dêem a menor bola para o que está sendo dito. Quando uma platéia está tensa, inquieta, nervosa, ou constrangida (no caso de um orador do tipo "bombástico") ela simplesmente se desliga daquela realidade e procura uma alternativa mental mais agradável para aquele momento: pensar na namorada, bater papo, ou até mesmo, se bobear, cochilar, podendo chegar ao extremo do ronco.

Píndaro (533-422 a.C.) costumava dizer que "Tudo quanto se diz deve ser dito em uma voz que deve ser ouvida". Pratique alterar a variação, o ritmo e a cor da sua voz. A maioria das pessoas não tem idéia de como soam as suas vozes nem quão reveladoras podem ser. Você tem condições de fazer com que seu discurso soe melhor e signifique mais para quem está ouvindo – é só uma questão de treinamento e dedicação.

Ponderações: Mecanismos Vocais

Um detalhe bastante curioso que nos chama a atenção, é que todas as estruturas que compõem o mecanismo da fala têm outras funções no corpo humano, bem mais vitais, servindo à fala secundariamente. A voz ocorre normalmente na expiração, mas a produção de sons não é a função primária dos pulmões e muito menos da laringe, órgãos do aparelho respiratório. Por exemplo, as cordas vocais, que são importantíssimas para a voz, servem fundamentalmente à proteção dos pulmões, o mesmo ocorrendo com a faringe, a língua e os dentes. Logo, a linguagem é uma função humana sobreimposta a estas estruturas, o resultado do uso especializado desses mecanismos.

Desde o início dos tempos, o homem foi sempre forçado a viver em grupo, estar em sociedade para se proteger, permanecer vivo e se desenvolver como tal. Esta necessidade gerou uma outra, igualmente importante, sem a qual suas chances de "reexistências" seriam bem diminutas: a de se comunicar. Desta forma, a fala, que inicialmente pode ter sido apenas uma possibilidade anatômica tornou-se, posteriormente, uma necessidade virtual.

Eu diria que a necessidade de contato com o outro sempre foi tão grande que o homem, para se comunicar, associou órgãos do aparelho digestivo (pela "fome" que tem deste contato) com órgãos do aparelho respiratório. Relacionar-se, sentir o outro, é a própria razão de sua existência e é deste contato que surge a energia para continuar sendo e crescendo enquanto espécie.

Alguns animais, especialmente uma certa espécie de macacos, têm estes mesmos mecanismos vocais (capazes de produzir sons para um complexo sistema lingüístico), porém são incapazes de usá-los tal como o homem. A diferença está mais no córtex do cérebro humano, que é bem mais complexo do que o dos animais inferiores.

Através da fala podemos obter muitas informações de uma pessoa: sua personalidade, seu estado físico e emocional, o grupo social a que pertence, sua origem. Há bem pouco tempo foi descoberto um mendigo morando sob uma ponte, que no passado já vivera uma existência de grandes posses e ostentações. O achado deu-se graças a um morador das redondezas que reparou nas palavras rebuscadas usadas pelo mendigo e em como ele conduzia bem todos os assuntos, ilustrando-os com fatos e dados culturais. Podemos observar também alguns dados clínicos: pessoas com problemas de pressão baixa, por exemplo, tendem a apresentar uma voz que parece "sair da nuca", abafada e sem vigor; já os tímidos costumam falar baixo; os depressivos a apresentar voz embargada, trêmula – e assim vamos descobrindo um pouco mais do "universo do outro".

As distinções lingüísticas entre povos de países, cidades ou até mesmo de núcleos ou famílias diferentes projetam um conteúdo de linguagem peculiar que os caracteriza. No Brasil, por exemplo, país de dimensões continentais, somos perfeitamente capazes de distinguir o caipira, o sulista, o nordestino, o carioca, apenas pelo sotaque ou pelo tipo de gíria inserido no discurso. Também podemos identificar alguém que tenha vivido na época da "Jovem-Guarda" (movimento cultural brasileiro). Se a pessoa foi feliz nesta fase, manteve em seu discurso gírias como "bicho-grilo" e "mora". Pessoas que ingressaram em partidos políticos utilizam em seus discursos palavras do tipo "companheiro", etc. Hoje em dia, nossos filhos reconhecem expressões como "É ruim, hein!", "sangue-bom", "Ah, eu tô maluco!", entre outras.

A personalidade humana é um produto social, desenvolvido e educado a partir da interação entre a criança que cresce e o meio que a rodeia. Este processo de socialização é especificamente oral até que a criança, por meios próprios e pela leitura, consiga manifestar alternativas de linguagem. De acordo com vários psicólogos, a fala parece ter um papel duplo ao determinar a personalidade: o que "eles dizem" e o que "eu digo" servem de princípio para a formulação de uma idéia própria, individual e que expõe ao mundo um complexo juízo intelecto/emocional.

Nota

Comunicação – inter-relação entre dois ou mais indivíduos. Jamais poderá ser unilateral. Para que haja comunicação alguém tem de decodificar algo que outro alguém elaborou.

Fala – maneira de manifestar a linguagem utilizando-se de mecanismos articulatórios.

Linguagem – conjunto de fenômenos individuais. É o uso de um sistema de sinais convencionados para representar pensamentos e sentimentos. É o meio que possibilita ir da compreensão individual do mundo à utilização de uma língua numa determinada comunidade. Segundo Quirós, a linguagem se constitui sobre o pensamento, que é prévio e não depende da aprendizagem. No ser humano, a linguagem termina identificando-se quase que permanentemente com o pensamento. A linguagem é um processo cultural e social instalado sobre um desenvolvimento suficiente de funções neurológicas e psíquicas que permitem, através de signos e símbolos adquiridos, a comunicação com o nosso semelhante e com nós mesmos.

Língua – sistema de códigos convencionados.

Voz – som emitido pelo aparelho fonador, ou o som emitido pelas cordas vocais ao serem vibradas por um jato de ar, que vai se modulando e amplificando em contato com as paredes da laringe, faringe, nariz e boca.

A Mensagem

> A única coisa sagrada é a insatisfação do homem consigo mesmo e o esforço que faz para ser melhor do que é.
>
> Gorki

O cérebro é indispensável na comunicação, isto não se discute. Analise as frases de comando que se seguem e aproveite para refletir sobre a experiência:

- Pense num goretmnddum. (Você não conseguiu elaborar nenhum conceito ou imagem, porque essa palavra não existe no seu vocabulário normal.)

- Não pense no amarelo. (Você pensou automaticamente no amarelo, pois seu cérebro teria desconsiderado o comando negativo.)

- Pense numa *black-tie*. (Você só poderia pensar nesta imagem se conhecesse o idioma inglês, caso contrário, isso não representaria nada para você.)

- Pense num fantasma. (Mesmo que não acredite em fantasmas, você já elaborou uma imagem, por ser uma palavra conhecida no seu idioma é capaz de imaginá-la, ainda que esbarrando nos seus preconceitos e paradigmas.)

Então, sugiro algumas reflexões sobre esta experiência:

- Que cuidados devemos ter ao elaborar uma mensagem?
- Que tipo de conhecimento devemos ter em relação ao assunto e ao(s) nosso(s) ouvinte(s)?
- Para conduzir o ouvinte a pensar exatamente no que dissemos, que cuidados devemos ter com a mensagem?

É bom ponderarmos sobre o fato de que, às vezes, para atingirmos o resultado esperado, precisamos tomar a "contramão do óbvio". É como acontece nas cenas de drama, em teatro: para levar o público a se comover, o artista não pode demonstrar o mesmo nível de emoção, do contrário se torna patético. Nos comovem a ingenuidade, a dor do outro, a luta diante de um sofrimento, mas se o artista representar a autopiedade não nos comoveremos. Vale essa dica para as suas apresentações: como um ator de teatro, utilize estratégias previamente selecionadas para, assim como ele, levar a sua platéia a determinada conclusão prevista por você.

Conforme já foi comentado anteriormente, tanto ao ser elaborada quanto ao ser recebida, a mensagem recebe diversas influências do meio social, da personalidade, do humor, da situação momentânea, entre outras. A mensagem é o fomento da comunicação, mas deve-se considerar sempre que cada pessoa a receberá de uma forma diferente. Por isso, é dever de quem fala ficar atento para que seu conteúdo se mantenha o mais fiel possível à intenção inicial. Ou seja, é dever do emissor, ciente das próprias proposições, identificar o "como falar" mais adequado ao seu ouvinte. Quando o ouvinte é uma criança, procuramos simplificar ao máximo a informação para que ela nos entenda. Mas, se o ouvinte já é um adulto, normalmente menosprezamos esses cuidados, pois o julgamos tão capaz quanto nós e consideramos ser da responsabilidade dele entender, não nossa de falar adequadamente. O resultado disso tudo nós já conhecemos muito bem.

Durante um diálogo ou palestra, estamos emitindo e recebendo muitas informações ao mesmo tempo. Até aqui analisamos a importância da linguagem não-verbal nos relacionamentos e a quantidade de estímulos envolvidos concomitantemente ao conteúdo verbal emitido. Agora, precisamos aprender a controlar o grau de compreensão do que estamos comunicando verbalmente.

É imprescindível mantermos o controle de nossa comunicação. Parece incrível, mas fazer isto com público é bem mais fácil do que imaginamos e muitas vezes é até mais fácil do que num relacionamento interpessoal, em que a proximidade instiga a um número maior de compreensões e intenções. Para controlarmos o grau de receptividade do público, basta utilizarmos corretamente os meios de verificação dos quais dispomos, como fazer perguntas durante o discurso, utilizar *cases*, solicitar a participação do ouvinte – lembrando-nos sempre de observar o público, olhar para ele. É preciso que saibamos dividir com ele os louros de uma comunicação eficaz!

Ao elaborar a mensagem é possível trilharmos os diversos caminhos oferecidos pela língua portuguesa: utilizando, entre outras opções, uma linguagem normal (denotação) ou figurada (conotação).

O casal deste exemplo demonstra que vive um relacionamento em conflito: ele, de forma conotativa, elogia a moça que, de forma direta, fala o que acha do rapaz.

Figura 11

Podemos abordar qualquer assunto com a platéia, desde que saibamos como fazê-lo. A língua portuguesa nos oferece tantos recursos, tantas variações e formas para amenizar, simplificar, exemplificar e ilustrar o que pretendemos falar, que só resta nos preocuparmos com a "forma mais indicada" ao nosso público.

A Mensagem Eficaz

A vida em sociedade, pela sua própria natureza, é sustentada por uma troca permanente de informações que tanto satisfazem as necessidades dos indivíduos quanto os seus prazeres. Nada acontece de importante que não seja passado adiante. Esta condição "jornalística" faz parte, como disse, da própria natureza humana. Porém, é preciso, em primeiro lugar, que haja uma conjugação de interesses entre o EMISSOR e o RECEPTOR, quanto à mensagem, para que a comunicação se efetive. Desta forma, devemos estabelecer algumas regras básicas que definam o que vem a ser uma BOA MENSAGEM:

- despertar ou ser do interesse de quem vai recebê-la – por exemplo: você pode ser do tipo de pessoa que adora ler livros biográficos ou não, ler livros sobre romances ou não, ler sobre tecnologia ou não, ler sobre esoterismo ou não, enfim, não existe livro interessante e sim leitores interessados nos livros! O mesmo ocorre em relação à mensagem, isso é a comunicação!

- ser clara e organizada – conter todas as informações pertinentes ao fato e ser organizada de forma a estabelecer um crescente de dificuldade;

- ser transmitida no código lingüístico do receptor;

- utilizar o canal de comunicação determinado pelo receptor, não pelo emissor.

A par disso, é necessária a presença de quatro elementos essenciais para que haja uma comunicação efetiva entre indivíduos:

- O QUE comunicar: a MENSAGEM;

- QUEM vai comunicar: o EMISSOR;

- QUEM vai ser comunicado: o RECEPTOR;

- COMO vai ser comunicado: o CANAL UTILIZADO.

Para exemplificar esta exposição, vamos supor que você esteja envolvido em uma campanha nacional para incentivar o uso de preservativos e que sua missão seja ressaltar a importância desse hábito e como utilizar os mesmos. Para transmitir satisfatoriamente a informação, será preciso:

1. elaborar a mensagem;
2. escolher um canal adequado de comunicação.

1. **A mensagem** – a mensagem deverá ser elaborada para atingir, objetivamente, a grande massa da população brasileira. O que se espera de você não é um "tratado literário", mas um texto extremamente simples, objetivo, respeitoso, que traga todas as informações necessárias e possa ser entendido pelas pessoas mais simples do país. Este procedimento inicial é fundamental para o êxito da campanha. Portanto, deve ser considerado, entre outras coisas, que:

- nem todos os brasileiros sabem o que é preservativo, embora uma boa parcela da população saiba o que é AIDS;

- a maioria das pessoas tem vergonha de falar sobre o uso de preservativos, pois conversar a respeito de sexo, para algumas famílias, ainda é um grande tabu;

- a grande maioria das pessoas não tem consciência de como se transmite a AIDS nem as outras doenças venéreas. Em tempo: grande parte da população não sabe o que é "doença venérea";

- grande parte da população não gosta de tratar desse tipo de assunto com crianças, mas as estatísticas dizem que, hoje em dia, a vida sexual do brasileiro está começando aos doze anos, aproximadamente.

2. **O canal de comunicação** – ao escolher um canal para levar essa mensagem à população brasileira deve-se considerar, entre outras coisas, que:

- nem todos sabem ler;

- nem todos têm televisão e algumas regiões do país não têm luz elétrica;

- o rádio ainda é o meio de comunicação de maior penetração no país.

O resumo dos procedimentos iniciais, neste exemplo, evidencia bem o porquê da necessidade do cuidado e do tratamento que devem ser dispensados a uma mensagem antes de "comunicá-la". Observe que, em se tratando de uma informação desse porte, não podemos nos descuidar de certos detalhes – para nós absolutamente dispensáveis, mas que para outras pessoas podem ser fundamentais. Portanto, certifique-se de que, na sua "notícia":

- constam TODAS as informações sobre: "o que, quem, quando, onde, como e por que";

- as palavras utilizadas são de fácil interpretação; caso contrário, substitua-as por outras mais simples e de rápido entendimento (sem ser vulgar);

- as frases não sejam muito longas, ou haja palavras em excesso – não é o tamanho do texto que define sua qualidade;

- foi dada ênfase aos tópicos principais da mensagem.

Deve-se considerar com muita atenção que a proposta fundamental da "comunicação" é passar a mensagem do emissor ao receptor, não se devendo atribuir outras responsabilidades à qualidade desse processo. Um exemplo bem simples pode ser a elaboração de um convite formal para um jantar formal. Você o imprime em um papel de alta qualidade, formaliza o convite dando todas as informações necessárias (dia, hora, local, motivo, etc.) mas, apesar de todos esses cuidados, o convidado não aparece. Isso não quer dizer, necessariamente, que tenha havido erro de comunicação.

Durante uma conversa, uma pessoa começa a falar. Então, a outra coloca a mão no ouvido para ouvi-la melhor e diz:

– Hein?!!!

Tipos de Problemas com a Mensagem

A qualidade da comunicação amadurece obedecendo a um certo efeito cascata – claro que influenciado pela personalidade dos membros participantes, pelo meio e por toda uma gama de fatores. Se você é capaz de conseguir uma boa **comunicação intrapessoal** está contando pontos positivos para o próximo passo: a **comunicação interpessoal**. E se nesse estágio você também se sair bem, bônus para a etapa seguinte, que é a **comunicação com o público**.

O segredo básico deste efeito cascata é muito simples: comunicação é doação! Você precisa estar disposto a ceder, a ser acessível, sensível e perspicaz – sem ser canalha, "adoçando a boca do outro" para depois tirar proveito disto. Alguns até conseguem resultados desta forma, porém de curto prazo, pois o tempo é resposta para tudo.

Barreiras Mais Comuns: Fique Atento à sua Mensagem!

Tudo o que vier a interferir e a alterar a mensagem é denominado **barreira**, e pode ser de três tipos:

- **Filtragem** – interferência que resulta em perda de parte da informação. Um bom exemplo é quando, ao falarmos, somos obrigados a competir durante um breve período, com um ruído mais alto que nossa voz, que impede o receptor de ouvir nossa frase por completo. Em vez de pedir para repetirmos, ele aguarda para ver se compreende o que não entendeu no decorrer do discurso – mas isto não é o que acontece, e aquela parte da mensagem se perde. Outro exemplo, muito comum em empresas, é o emprego de linguagem rica em termos técnicos para ouvintes leigos, e a prática de discursos longos ou prolixos demais.

- **Bloqueio** – interferência que impede totalmente a interpretação da mensagem. Como exemplo, pode-se citar a escolha inadequada do idioma – optando-se por um idioma que não seja familiar à platéia ou que o próprio orador não domine completamente (você já deve ter ouvido histórias sobre o "portunhol" ou "embromation" – resultado da confusão no emprego de algumas palavras que, em português e em espanhol, têm a mesma grafia, mas com significados diferentes, ou da tentativa de "adaptar" certas palavras para "quebrar o galho"– principalmente após o Mercosul, abrindo um verdadeiro horizonte de comédias nas relações).

- **Ruído** – bloqueio ou filtragem provisória, o receptor recupera, posteriormente, o fragmento perdido da mensagem. O perigo reside no fato de serem tiradas conclusões próprias, por vezes equivocadas (às vezes a lógica nos pega com cada surpresa!).

Pequena Fórmula para Acertar "No Alvo": Faça um Bom Planejamento!

Existe um roteiro básico muito útil na formulação de idéias a serem discutidas numa palestra:

1. Pense em todos os aspectos de sua proposta antes de apresentá-la em público: procure pelas falhas e certifique-se de que ela funcionará tal qual você imaginou.

2. Prepare cuidadosamente sua apresentação de maneira concisa e organizada.
3. Relacione todos os benefícios que a sua idéia pode trazer e, no caso de haver algum ponto fraco, tenha em mãos os argumentos que demonstram como eles serão superados pelos benefícios.
4. Esquematize não só a apresentação da idéia, como também de que forma será implementada – os ouvintes poderão visualizá-la mais claramente se tiverem oportunidade de imaginá-la em ação.
5. Relacione todas as perguntas possíveis de serem feitas e prepare respostas convincentes para cada uma delas.

Figura 12

Formas de Apresentar a sua Mensagem

Existem mil maneiras de transmitir uma mensagem, principalmente na língua portuguesa, onde uma palavra pode assumir vários significados além daqueles que o brasileiro confere. Graças ao seu charme criativo e carisma peculiar – ele se transforma em um animador, defensor, político, num cético ou no mais fiel dos amantes ao pronunciar até mesmo a palavra "sim".

Na comunicação com o público, sempre ouvimos histórias diversas de oradores brilhantes, de pessoas que nascem com o dom da palavra. Em razão disso, criamos um estereótipo do que imaginamos ser o modelo eficaz de comunicador e tentamos aplicá-lo em nosso dia-a-dia. Um erro. Cada indivíduo carrega dentro de si um poder intuitivo para a comunicação eficaz, mas precisa ter um bom conhecimento de si mesmo, incluindo as qualidades e – humildemente – os defeitos, para realmente ser capaz de exercitar sua humanidade ao buscar o ouvido do outro.

Contudo, não poderíamos deixar de falar em técnicas de comunicação, pois a vida social nos impõe algumas situações em que precisamos ser artistas e realmente ocuparmos o espaço no palco que nos é concedido, a fim de conquistarmos coisas como *status*, reconhecimento e promoções, entre outras aquisições que estabelecemos como nossas metas.

Informalidade x Formalidade

Quase todas as mensagens que passamos adiante no nosso dia-a-dia são basicamente informais, ou seja, não obedecem regras complexas nem têm pretensões adjacentes. Nem tudo o que queremos ou precisamos comunicar vai requerer "paramentação técnica". Há dois aspectos fundamentais em relação à comunicação informal e à formal:

1. **Propósito** – a comunicação informal não tem preocupação histórica nem depende de registros oficiais, enquanto a formal tem sempre um fim histórico, precisa ser oficial.
2. **Tipo de relacionamento** – na informalidade, a relação emissor/receptor é direta ou particular, permitindo trocas imediatas de reações e melhor ajuste dos argumentos, mas na comunicação formal essa relação se dá de forma indireta ou geral, normalmente unidirecional, e os ajustes de idéias são mais complexos.

Estas duas formas podem, por vezes, ocorrer juntas num mesmo processo. Por exemplo, quando um conferencista ao entrar no auditório mantém a princípio uma relação informal com a platéia – é a fase dos cumprimentos e sorrisos generosos que quebram o gelo inicial e descontraem o público. Em seguida, formalmente, começa o seu trabalho técnico.

Em termos gerais, não há prevalência de uma forma sobre outra. As circunstâncias, os objetivos e a própria natureza do fato irão decidir o melhor caminho a seguir. A única regra básica a ser respeitada é o princípio universal de que "quanto mais simples, melhor". Em todo caso, comparativamente pode-se dizer que:

- A informalidade é ideal para comunicados particulares, enquanto a formalidade é ideal para contatos gerais.

- A informalidade fornece um *feedback* mais imediato do que os contatos formais.

- A informalidade tem um compromisso com a informação pura e simples (dispensando a "burocracia dos carimbos"), enquanto a formalidade tem com a formatação da informação.

- A formalidade imprime um caráter mais erudito à informação, afastando um pouco as possibilidades de intervenção do receptor. A informalidade, por tratar o assunto de forma mais próxima, permite ao receptor gerar opiniões, discordar, completar, concluir, etc.

Técnicas de Leitura

Uma das práticas mais usuais na comunicação com o público é a leitura de textos previamente selecionados e organizados, visando principalmente:

- ganhar tempo, normalmente perdido quando o comunicado ou a mensagem é de improviso;

- ilustrar a palestra com algum fato, notícia, dado estatístico ou texto que sugiram reflexão;

- evitar "ruídos" provenientes de possíveis interpretações de uma mensagem improvisada, que podem comprometer a informação.

Entretanto, para se fazer uma boa leitura é importante levar em conta alguns fatores:

- entonação;
- velocidade;

- respiração;

- marcação dos textos.

Entonação – falar ou ler sempre no mesmo tom torna a apresentação monótona e cansativa. Por isso, é preciso atentar muito para a entonação, ou seja, para as inflexões da voz. Os sinais de pontuação estão muito relacionados com a entonação:

- na vírgula, a voz deve ascender moderadamente, havendo ou não pausa;
- na interrogação, a voz deve subir acentuadamente;
- no ponto-e-vírgula, a voz desce moderadamente;
- no ponto final, a voz desce acentuadamente, sendo que no caso de ponto parágrafo a pausa na leitura deve ser bastante sensível.

Velocidade – é fundamental que a velocidade da leitura não prejudique a clareza nem a compreensão da mensagem. Da mesma forma, não é recomendável que a frase se arraste indefinidamente, o que causaria enfado no ouvinte. A tendência em falar depressa demais, às vezes precipitando o ritmo e engolindo sílabas, chama-se taquilalia, e a de falar devagar, bradilalia. O recomendável para as pessoas que tenham estas deficiências é o treino sistemático de leitura, usando o gravador para identificar e corrigir as posturas.

Respiração – a qualidade da leitura depende de uma perfeita coordenação fono-respiratória, através da qual é possível alcançar a harmonia e o ritmo adequado, em condições inclusive de, ocasionalmente, dar matizes de entonação que valorizam a mensagem. Para uma boa coordenação, aja desta forma:

- Mantenha uma respiração diafragmática: encha os pulmões com quantidade suficiente de ar para enfrentar textos mais longos, mas não pareça ofegante. Lembre-se de que a voz só acontece na expiração – com pouco ar nos pulmões, você dificilmente chegará ao final do período sem interromper a frase ou sem acelerar despropositadamente a leitura para tomar fôlego.

– Faça pausas respiratórias adequadas à pontuação do texto realimentando seus pulmões antes de chegar à apnéia.

– Inicie as frases com suavidade no exato momento em que começar a expirar. A pausa entre os pontos do período deve corresponder a uma inspiração normal.

– Não exagere na inspiração a ponto de não poder dosar a quantidade necessária para uma fonação tranqüila.

– Saiba utilizar a entonação e todos os recursos de uma boa voz.

– Procure ler de tal forma que, ao final da frase, ainda tenha reserva de ar nos pulmões. Isto evitará que o final dos períodos se torne inaudível.

– Ligue as sílabas entre si, unindo vogais do fim de uma palavra e do início de outra, exceto quando exigências expressivas impeçam este procedimento.

Marcação dos textos – para aqueles que não têm prática de leitura, recomenda-se a marcação prévia do texto segundo critérios e técnicas pessoais. Não há regras definidas, cabe a cada um definir como fazê-la até estar pronto para ler sem o auxílio deste recurso. Você pode, por exemplo, sublinhar com vermelho todas as palavras que precisam ser pronunciadas com mais ênfase e clareza; em azul aquelas que precisarão de uma "pausa técnica"; em amarelo, os períodos que precisam ser lidos mais lentamente, palavra por palavra. Faça também algumas marcas que lhe permitam retirar os olhos do papel, dar um "sobrevôo" pela platéia e voltar ao texto sem se perder. Não deixe de realizar o contato visual, mesmo na leitura.

Também pode usar a técnica da "palavra de valor", enfatizando o termo de significativa importância que requer destaque maior – após proferi-lo, deve-se fazer uma pausa e, se possível, um contato visual com a platéia. Na leitura, deve-se sempre respeitar a pontuação gráfica respectiva a cada idioma (pontos, reticências, exclamações). É recomendável também, e antes de tudo, conhecer bem o texto a ser lido! Uma surpresa em público pode se transformar numa comédia, ou numa tragédia!

Partes do Discurso

Nem toda apresentação requer a confecção de um discurso, mas quando isto se fizer necessário é importante saber que um discurso, qualquer que seja, divide-se basicamente em três partes:

- **Prólogo** (*exórdio*) – é a introdução, o primeiro contato entre o orador e o público – é neste momento que o orador deve provocar a simpatia e a atenção da platéia. Não deve ser longo, evitando assim a antevisão de um discurso prolixo e cansativo; nem curto demais que impeça uma exposição plena da idéia que será defendida. É indispensável que, antes da platéia, sejam cumprimentados o responsável pelo evento que possua maior cargo (reitores, por exemplo), seguido dos membros que compõem a mesa, sempre respeitando a hierarquia, referindo-se a eles pelos devidos pronomes de tratamento – certifique-se do pronome adequado a cada pessoa, evite gafes!

- **Tese** (*logus*) – é o corpo do discurso, o miolo, no qual é desenvolvida a idéia principal com apresentação de provas, se for o caso, e questionadas as idéias contrárias. É a razão de ser do discurso.

- **Epílogo** (*peroração*) – momento em que é apresentada uma síntese das idéias principais, normalmente complementadas com frases de impacto e os agradecimentos de praxe.

Ao elaborar um discurso observe a estruturação de suas etapas e perceba a importância de cada uma delas.

- **Introdução** – ao ser-lhe concedida a palavra, aproveite a chance para causar boa impressão e agradecer a oportunidade de es-

tar participando do evento. Você poderá começar seu discurso com uma história ou citação, uma lição de vida, um paradoxo, por meio de um desafio indireto, com perguntas ou uma anedota (com cautela). Em seguida, promova um elo interessante com o assunto em si buscando principalmente:
- despertar a atenção dos ouvintes;
- destacar o interesse que o tema apresenta para o ouvinte;
- introduzir o tema central.

- **Desenvolvimento** – Organize os temas a serem abordados e depois ligue-os com frases de transição, COERENTEMENTE! Apresente-os através de uma questão, breves descrições, exprimindo sua própria opinião, declarando intenções, avisando a solução. Observe os seguintes tópicos importantes:
  - realce as idéias que desejar, através da repetição de palavras-chave, abordando mais detalhadamente o assunto;
  - utilize uma linguagem simples, clara e objetiva;
  - lembre-se de que para persuadir seu ouvinte é preciso que ele o admire e respeite;
  - evite os erros recorrentes ao desenvolver sua tese: falsas deduções, lógica "pessoal", perguntar afirmando, sugestão maliciosa do assunto, falsas alternativas, inadequação de datas e comparações utilizadas, projeção de idéias pessoais sem consistência, generalização e atipismo de exemplos.

- **Conclusão** – Ao falarmos para adultos, eu sempre digo que o final maravilhoso é aquele que leva o ouvinte a pensar que concluiu algo sozinho. Todos nós gostamos de "filosofar" sobre algo, é da natureza humana! Então, por mais técnico que seja o seu assunto, faça um fechamento de forma a envolver o ouvinte numa "chuva de pensamentos" sobre o tema abordado. Envolva-o emocionalmente. A "ouvirtude" é imprescindível para o sucesso da comunicação, mas só acontece na medida do nosso interesse. Então, procure realizar o seguinte passo-a-passo:

- anuncie que o assunto está prestes a terminar (expressões que levam o ouvinte a concluir...);
- reporte-se para o objetivo do discurso;
- faça um enunciado final bem interessante;
- agradeça a oportunidade e a atenção de seus ouvintes.

Oratória

O domínio da arte da oratória é imprescindível ao sucesso de um orador. Falar em público é uma necessidade claramente admitida por estudantes e profissionais de diversas áreas como advogados, professores, relações-públicas, etc. Em outras áreas, como Medicina ou Análise de Sistemas em que o conhecimento da oratória parece não ser considerado fundamental, a necessidade de domínio desta arte também se faz sentir no momento em que estes profissionais são convidados ou "convocados" a participar de congressos, seminários e debates sobre temas de sua alçada.

A oratória, ou arte de falar ao público, divide-se basicamente em quatro gêneros:

- pedagógico;
- político;
- forense;
- religioso.

Para cada um destes gêneros há uma técnica mais adequada a ser empregada. Como ponto comum, há uma evidente proposta de "convencimento" do ouvinte. Ultimamente estamos constatando que os comunicadores que optam por uma exposição menos clássica e formal tendem a ser mais bem aceitos pelo público.

Ressalto sempre que a única interrupção que o orador gosta muito é a do aplauso, porém, devemos saber lidar com elas e aceitar a contribuição dos ouvintes. Caso seja extremamente desconfortável para você ser interrompido durante sua fala estabeleça, antes de começar a apresentação, que as perguntas e comentários deverão ser feitos ao final da palestra. Este recurso é muito utilizado quando, por exemplo, temos uma restrição de tempo ou trata-se de um assunto polêmico, mas se for utilizá-lo comunique ao público antes de começar sua palestra. O que não se deve fazer é bloquear a participação de um ouvinte em público pois, provavelmente, ele não vai mais participar de sua palestra.

Os romanos costumavam dizer que o bom orador precisava ter quatro características: ser filósofo, poeta, artista e moralista. Filósofo, para procurar a verdade; poeta, para escolher adequadamente as palavras; artista, para despertar as emoções dos ouvintes; e moralista, porque qualquer que fosse o seu discurso, deveria ser pautado pela ética.

A história universal registra uma centena de grandes oradores que se tornaram famosos pelo domínio da arte de se fazer ouvir: Péricles, Solon, Pitt, Savonarolla e Victor Hugo, dramaturgo autor de *Os Miseráveis* que ficou célebre também como orador ao defender seu filho, Charles Hugo, em um rumoroso processo de subversão do qual era acusado. Porém, dois grandes oradores, um grego e um romano, merecem destaque como os grandes expoentes da eloqüência mundial no campo da política: Demóstenes e Cícero.

Demóstenes se tornou conhecido pelas Filípicas (uma série de discursos contra Filipe da Macedônia, pai de Alexandre, O Grande). Poucos sabem que Demóstenes, na juventude, tinha sérios problemas de articulação vocal, mas superou esta deficiência por meio de uma técnica que ele mesmo desenvolveu: enchia a boca de pedras e discursava diante do mar, forçando a musculatura do aparelho fonador para dar-lhe resistência.

Embora sem a pretensão de transformar você em um mestre da oratória, não poderia deixar de indicar-lhe algumas regras básicas para enfrentar o público, ou simplesmente sair-se bem em uma festa de aniversário, ou numa solenidade, quando alguém o apontar como o próximo orador.

Figura 13

Persuasão

Um dos "serviços" da comunicação é a "proposta de convencimento". Afinal de contas, o homem vive não só para passar informações, como também para convencer, explicar, doutrinar, fazendo, para isso, uso de uma série de recursos capazes de levar o interlocutor a admitir a sua versão como verdadeira. Aliás, o que é a verdade senão uma questão de ponto de vista? Neste jogo de "concordo"/"não concordo", vamos defendendo nossas idéias, até que alguém mais convincente nos prove o contrário.

Avalie a situação: ao anunciar um determinado produto nos classificados de um jornal, o vendedor tem pouco espaço verbal para convencer alguém a comprá-lo. As 15 ou 20 palavras que lhe cabem são usadas tão-somente para informar que a bicicleta ou o ventilador estão à venda e podem ser comprados por tanto, em tal endereço. Nesse caso específico não pode haver a pretensão de querer convencer alguém e aquele centímetro de coluna é usado unicamente para "informar".

Porém, outras vezes, além de "informar" é necessário "convencer" determinada pessoa ou um grupo, que a sua loja está vendendo um excelente produto por um preço bem convidativo; o pagamento

Figura 14

pode ser facilitado; e a entrega é imediata. Nesse caso, a questão se torna um pouco mais complexa. Você precisa ganhar um crédito de confiança e, para tanto, faz uso de todos os argumentos que possam atestar sua seriedade, competência e idoneidade – a isto se chama persuasão.

A técnica da persuasão é o ato ou efeito de persuadir, ou seja, de determinar uma mudança de atitudes em terceiros de tal forma que a vontade deles siga a orientação determinada por você. Podemos observar esta técnica em todas as fases da História e, particularmente na conduta da Igreja Católica ao longo dos séculos. A necessidade de se impor como religião oficial do Ocidente levou seus dignitários a disseminar a imagem de "interlocutores diretos de Deus", o que lhes daria a condição de inquestionáveis e indiscutíveis. Este mesmo princípio é hoje usado pelas seitas evangélicas que também se apresentam como interlocutoras capazes de interferir nos desígnios supremos e ainda com o *handicap* de terem o "domínio sobre o demônio". Como estas proposições são "improváveis", a aceitação se dá por meio da fé, que é o maior de todos os créditos de confiança.

A persuasão tem sua fonte na mensagem e sofre a influência direta de três fatores da maior significância, através dos quais podemos alcançar nossos objetivos:

- a credibilidade da fonte;
- o prestígio do emissor;
- o "grau de atratividade" da proposta.

Para que uma mensagem desenvolva "poder de persuasão" no ouvinte, deve-se ter alguns cuidados especiais. Quanto mais bem trabalhada sob certos aspectos, mais alta será sua probabilidade de realizar uma modificação de atitude no outro, tais como:

- não criar uma mensagem que levante crítica;
- obedecer aos efeitos da primazia (ordenação dos fatos) e da recenticidade;
- responder de perto às necessidades do ouvinte.

Os primeiros profissionais da "arte da persuasão" foram os sofistas, como eram conhecidos os filósofos gregos contemporâneos de Sócrates, que chamavam a si a profissão de ensinar a sabedoria e a habilidade, demonstrando o relativismo do conhecimento e da verdade por meio de artifícios de palavras ou sofismas. Entre eles destacam-se Protágoras (480-410 a.C.), que afirmava ser o homem a medida de todas as coisas, e Górgias (485-380 a.C.), que atribuía grande importância à linguagem. Os sofistas desenvolveram especialmente a retórica, a eloqüência e a gramática.

Também Aristóteles (384-322 a.C.) estudou profundamente as técnicas de persuasão. Para ele, a "arte de convencer" exigia o conhecimento de múltiplas ciências para que os argumentos pudessem ser organizados de tal forma que, quando expostos pela palavra oral, se tornassem inquestionáveis.

Retórica e Eloqüência

Em termos didáticos, a retórica é a eloqüência da oratória. São os adornos que dão pompa ao texto oral, enquanto a eloqüência é a capacidade de se expressar com facilidade, de persuadir, convencer, deleitar ou de comover por meio da palavra. Juntas, conferem à persuasão um colorido todo especial.

Costuma-se dizer que, para ser eloqüente, o indivíduo precisa ter três atributos básicos:

- ser persuasivo;

- ser expressivo;

- ser convincente.

Observe, contudo, que há uma condição primordial sem a qual não é possível se valer da eloqüência de forma persuasiva: o domínio do argumento. Sem o domínio total e completo do assunto, o máximo que se pode fazer é florear a argumentação, contornando a insuficiência de dados com recursos de estilo que podem até valorizar a cena, mas sem garantir a eficácia. Assim, antes de tentar persuadir alguém a "comprar o seu produto", siga este passo-a-passo:

1. liste todos os pontos positivos do "produto" que você quer vender;
2. relacione todos os pontos negativos e, para cada um, desenvolva um argumento sensato que os justifique no momento oportuno;
3. relacione todos os motivos que podem levar alguém a comprá-lo;
4. relacione também todos os motivos que podem impedir essa compra, procurando alternativas e soluções para cada caso;
5. tenha sempre uma resposta pronta e convincente para toda e qualquer pergunta a respeito desse produto.

Vejamos um exemplo. Vamos supor que você queira vender um carro e seja convidado a apresentá-lo para uma platéia de trinta possíveis compradores. Os passos, então, seriam:

1 – listar todos os pontos positivos:

- bom estado de conservação;
- preço competitivo;
- entrega imediata;
- impostos em dia e o "nada consta" do veículo em ordem.

2 – relacionar todos os pontos negativos:

- o modelo deixou de ser fabricado no ano passado;
- a pintura está precisando de uns retoques;
- a mala está com um arranhão, feito por terceiros.

3 – listar alguns motivos para comprar o carro:

- combustível mais barato e alternativo;
- modelo quatro portas com uma mala muito espaçosa;
- pode servir à família inteira.

4 – Listar motivos para não comprar o carro:

- não saber dirigir um carro automático;
- sem local/garagem para guardá-lo;
- sem dinheiro para fechar o negócio;
- sem condições de fazer o seguro do automóvel no momento.

Contra-argumentos e alternativas para contornar os pontos negativos:

- o modelo não é mais fabricado = esta marca estrangeira lhe confere uma qualidade insuperável;

- a pintura precisando de retoques (mínimos) = encontra-se em bom estado;

- é caro = está num ótimo preço para o mercado;

- não foi "maquiado" para a venda;

- sem dinheiro para a compra = veículo muito econômico, facilitará a vida de toda a família;

- pode-se parcelar o pagamento: dois chequinhos, para 30 e 60 dias, sem juros;

- sem condições de fazer o seguro = por nunca ter se envolvido em acidentes, o seguro do carro tem um bônus que pode ser transferido para o novo dono (verifique as condições de transferência junto à seguradora).

Este exemplo serve, basicamente, para ilustrar a preparação de um roteiro de discurso.

Repare que, ao relacionarmos todos os pontos positivos e negativos e buscarmos argumentos sólidos para rebater todas as objeções possíveis, tornamo-nos auto-suficientes para enfrentar até mesmo a abulia da platéia.

Portanto, sem argumentos sólidos não há convencimento possível. O ato de persuasão fundamentado em qualquer outro princípio que não prime pela ética pode até render resultados positivos, mas que serão mais devido à fraqueza alheia do que à força de seus argumentos e, por isso, as conseqüências podem ser muito perigosas.

Exercícios Propostos

1. Venda sua imagem! Imagine-se tendo de defender sua permanência em sua cidade.
2. Faça uma barganha de preço por um produto qualquer.

Técnicas de Propaganda

A arte de persuadir faz parte da técnica de propaganda, ou melhor, resume sua finalidade já que, de certa forma, a razão de existir da propaganda não é outra senão convencer alguém a fazer exatamente o que desejamos. Visto sob esse prisma, por extensão, o papel do publicitário é o de um "convencedor". Seu trabalho é agir sobre a vontade das pessoas, motivando-as de tal forma que elas decidam sempre em favor do que lhes foi sugerido.

Sabemos, de antemão, que a escolha das pessoas recai sempre entre dois pólos: ou decidem por alguma coisa que lhes trará prazer, ou por alguma que não lhes trará dor – não há uma terceira alternativa. Desta forma, o "homem de propaganda" trabalha sempre a partir de um desafio: provar que o prazer proporcionado por aquele "produto" é tão grande que a dor para consegui-lo, por maior que seja, passa a ser compensadora. Portanto, ele sabe que precisa criar uma imagem de prazer grandiosa. De modo geral, as campanhas publicitárias se fundamentam neste princípio. Este é o caminho da persuasão.

Posso garantir, sem medo de errar, que 99% dos fumantes teriam grande prazer em deixar o vício. Eles têm plena consciência do mal que o fumo provoca e, no fundo, todos gostariam de se livrar do cigarro. Não tenham a menor dúvida sobre isso. Ocorre, entretanto, que na hora de se decidirem por largar o vício, pouquíssimos se atrevem a tentar e, dentre estes, somente uma minoria consegue, de fato, vencer o desafio. O fator determinante é o mesmo de todas as decisões que o homem toma durante a vida: ter prazer ou fugir da dor. O tabagista sabe que para "sentir o prazer de ter deixado o vício" antes precisará enfrentar a "dor da dependência nicotínica" que se manifestará pela angústia, desespero, nervosismo, etc. Por isso, mesmo sem tentar, acaba capitulando. O prazer de deixar o cigarro, para ele, é bem menor do que a dor das conseqüências.

Reparem nos anúncios de automóveis veiculados na televisão. Na realidade, o "produto" que está sendo vendido ali não é o carro, é o *status*, o sucesso, mulheres bonitas, e tudo o mais que possa despertar no homem uma idéia de prazer imenso. O carro é só um meio para conquistar aquele mundo de fantasia. A qualidade e a intensidade do prazer que se pode experimentar ao comprar aquele carro são de tal forma sugestivas, que a dor para obtê-lo torna-se suportável. Por exemplo, o valor das prestações sempre precedido por aquele "ao custo de apenas", passa a ser compensador. De uma forma inconsciente, o homem raciocina: mulheres, sexo, prazer, praia, uísque, prestígio... tudo isso por apenas R$500,00 mensais?!... Vale a pena!

O estratagema usado em propaganda é sempre o mesmo, variando apenas a forma e os artifícios. O objetivo é sempre provocar uma mudança de atitude que leve o cidadão a admitir uma determinada proposta como altamente prazerosa.

Convencendo Multidões

Para convencer multidões é preciso entender os conceitos básicos da persuasão, observando fundamentalmente estes dois princípios:

1. **Prestígio do emissor** – o indivíduo que emite a mensagem deve ter credibilidade, capacidade de "atrair" o receptor, saber

colocar-se em posição de poder ou de prestígio e causar uma certa "inveja" naquele público.
2. **Atratividade** – conhecer a realidade do seu público, suas expectativas, carências, fragilidades, ambições, etc. para ser capaz de envolvê-lo com uma proposta de prazer clara e objetiva.

Os oradores políticos e religiosos conhecem, como ninguém, a arte da persuasão. Os primeiros porque precisam, periodicamente, convencer os eleitores de que são credores de confiança e, portanto, detêm poder suficiente para atender-lhes as expectativas, as quais deveriam conhecer muito bem. Os segundos porque precisam granjear a confiança irrestrita dos fiéis.

É preciso, contudo, ter bem claro em mente a diferença que há entre persuasão e sedução. Na persuasão, utiliza-se a argumentação, que deve ser fundamentada em princípios éticos, enquanto na sedução o convencimento do público não se dá por esta via, mas por meio de promessas, encantamentos e sugestões. De certa forma, pode-se dizer que tanto a persuasão como a sedução objetivam o mesmo fim: a "adesão popular". Já a qualidade desse processo fica por conta da ética de cada um.

Captando a Atenção em Um Discurso

O orador deve ter o cuidado de atribuir ao discurso três características essenciais:
1. **Interdependência** – a platéia não pode perceber a passagem de um ponto a outro no discurso. Isto deve ser feito naturalmente, conferindo à oração uma idéia de conjunto, de unicidade. O desvio temático, em um discurso, confunde a platéia e pode desvirtuar a sua atenção. Neste sentido, o uso de recursos visuais é uma ferramenta bastante útil.
2. **Proporcionalidade** – o início e o final do discurso devem ser curtos e o corpo extenso o suficiente para explanação. Embora muitas pessoas citem o início como o maior problema, a experiência me diz que terminar uma palestra é tarefa árdua e das

mais difíceis, pois é o final que imprime todo o conceito do assunto e faz o ouvinte sair com aquela sensação de que gostou, ou não, do evento.

3. **Elucidação** – deve ser feita dentro do discurso sem que sejam cobrados demasiadamente da platéia raciocínio e concentração. Quanto mais simples e prática for uma apresentação, melhor. Palavras difíceis ou de duplo sentido devem ser utilizadas moderadamente, à medida que seu público for se tornando capaz de compreendê-las. Sempre que for abordar um assunto diferente, que necessite ser compreendido por todos, verifique o grau de conhecimento da platéia através de perguntas, exemplos, solicitando sua participação (se isso for possível).

Exercícios Propostos

1. Criando seu *marketing* de trabalho:

a) Formule novas chamadas para propagandas conhecidas que, na sua opinião, poderiam melhorá-las.

b) Identificar os pontos impressionáveis sugeridos pelos anúncios.

c) Formule chamadas atraentes para um assunto específico que você queira desenvolver.

d) Repita o exercício anterior trabalhando, agora, um assunto de seu domínio e que você deseje apresentar em público.

Timidez

A palavra timidez deriva do latim *timideus*, que significa medroso, covarde, desanimado, mas na realidade o tímido não chega bem a ser um covarde. Trata-se apenas de uma pessoa insegura, que não confia em si própria, pelo fato de valorizar muito a opinião alheia e por ter um parâmetro rigoroso demais para medir o próprio valor.

Sob o olhar de terceiros, o tímido fica acanhado, temeroso. Sente-se reduzido diante da possibilidade de uma comparação que, às vezes, sequer vai existir. Ele "prevê" a derrota e aceita-a antecipadamente. Quando se compara com outros sente-se sempre em desvantagem pois não confia na própria capacidade. Está sempre desconfiado de si mesmo e teme o ridículo. Assim, tomado por estes pensamentos, ele praticamente se autodestrói antes mesmo do combate.

O pavor da crítica leva algumas pessoas a se intimidarem. Na verdade, esquecemos de ponderar que estamos sendo avaliados o tempo todo, inclusive por nossos amigos e parentes que, por vezes, acabam nos imitando. Já observou que seus filhos (caso os tenha) imitam você em algumas coisas? E como imitamos a moda? Para imitar é preciso ter avaliado antes... Quem diria que em pleno século XXI estaríamos usando *jeans* rasgados só porque "é moda"? O medo maior do tímido é que alguém possa ser um crítico tão voraz quanto ele mesmo!

Ocorre, entretanto, e a própria história nos dá conta disso, que uma série de pessoas apontadas como tímidas acabaram tornando-se grandes oradoras. Como o caso de um jovem nascido na Córsega, em 1769, que veio a cursar a Academia Militar de Brienne. De tão tímido que era, costumava escrever nos seus cadernos: "Estou só, sempre só. Nada na minha vida prospera". Este jovem, taciturno e pessimista quanto à própria imagem, era simplesmente Napoleão Bonaparte. Um outro exemplo que prova o quanto uma pessoa tímida pode vencer essas barreiras é o de Mahatma Gandhi, um dos grandes homens da história. Na primeira vez que adentrou o Tribunal de Pequena Instância para defender um cliente, o então jovem advogado Mohandas Karamchand Gandhi sentiu-se tomado por tal crise de angústia provocada pela timidez, que até as idéias fugiram de sua mente. Os assistentes riram abertamente dele e a única solução que achou justa naquela hora foi devolver o dinheiro ao homem que havia lhe contratado e recomendar-lhe outro advogado. No entanto hoje, Gandhi é lembrado mundialmente como orador e líder. Seu método de jejum e a prática da não-violência obtiveram êxito, obrigando a Inglaterra a deixar a Índia em liberdade para autogovernar-se.

Portanto, podemos concluir que, quando um indivíduo tímido deixa de centrar sua atenção em si mesmo e a transfere para um objetivo, abraçando uma causa com afinco, ele pode tornar-se o melhor de todos os comunicadores, pois sua postura introspectiva promove um profundo conhecimento e compreensão da humanidade e da vida. Por isso, reflita sobre seus valores, sobre o que é verdadeiramente importante para você neste momento. O que pode ser mudado e o que pode ser acrescido em você.

Mudança: Alargando os Limites Impostos pela Timidez

Mudar está diretamente relacionado com a realidade de vida e com a bagagem pessoal de cada um. Em outras palavras, só aquilo que a consciência respeita é capaz de ditar a mudança a ser realizada. O que nos sugere então que, antes de tentarmos mudar alguma coisa, devemos questionar a nossa forma de pensar, nossos paradigmas, os nossos valores de uma forma geral.

Você já deve ter ouvido muitos casos de fumantes que abandonaram, da noite para o dia, o fumo. Isto só foi possível porque, na balança de valores pessoais, algo era mais forte do que a dependência da nicotina. Portanto, o que devemos fazer em seguida é avaliar entre o desconforto de uma dada realidade e a necessidade de mudança, e partir em busca de uma situação em que lhe seja devolvido o prazer.

O ser humano está sempre buscando o prazer ou fugindo da dor. Quando há algum desequilíbrio e levamos uma "sacudidela", pensamos momentaneamente na mudança. Mas, mesmo assim, não basta só o desejo, é preciso outro elemento essencial: precisamos ter condições de desempenhá-la, sejam condições ligadas ao conhecimento, ao emocional ou a capacidades gerais. E, finalmente, depois de refletirmos sobre todos esses aspectos, modificamos nossa atitude. Não pense que é fácil, mas também não é impossível.

Há pouco tempo, uma paciente minha ganhou uma bolsa para estudar balé no Royal Ballet, em Londres. Era tudo com o que sempre havia sonhado e, aliás, o que qualquer bailarina quer ganhar – não fosse o fato dessa minha paciente ter desenvolvido uma depressão horrorosa causada pela saudade da família e pela necessidade de amigos por perto, o que em Londres é algo meio difícil de se conseguir em pouco tempo de estada. Faltou a ela condição emocional, o que não é demérito nenhum. Quem sabe se esta bolsa fosse oferecida daqui a alguns anos, minha paciente não a teria aproveitado melhor?

Certa vez, ao conversar com um aluno sobre essa questão de mudança, ele me disse que já estava velho demais para mudar, sentia-se satisfeito daquele jeito e que "não se mexe em time que está ganhando!" Para ilustrar sua teoria, me contou que praticava tênis por lazer, junto com um amigo e esse amigo ficou tão entusiasmado com o esporte que se matriculou na melhor escola de tênis, passando a fazer horas e horas de aula. O amigo se tornou um especialista no esporte, mas depois de algum tempo, por tentar sem sucesso fazer uma jogada perfeita, acabou se tornando um péssimo jogador e, em pouco tempo, não se atreveu mais a segurar a raquete.

Esta história do meu aluno me sugere que qualquer tentativa de tentar mudá-lo será em vão, enquanto eu não conseguir desequilibrar sua certeza de que "está velho demais para mudanças" e "está satisfeito daquele jeito". Para isso, meus argumentos devem ser coerentes com a realidade de vida dele e sua bagagem anterior. Mudar não é impossível, só se tornou para o amigo de meu paciente porque ele se bloqueou diante do primeiro obstáculo e do excesso de exigência pessoal. Provavelmente ele deve ser extremamente exigente, com atitudes de general, cujas ordens transformaram o lazer em dor diante da frustração de não ser um "Guga de terceira idade". Uma coisa é ter trinta anos de experiência, outra é adquirir experiência aos trinta anos. Não é preconceito, é fato. Neste caso, capacidade física passou a ser o fator de diferenciação.

Saliento também, partindo do caso acima, que uma experiência nunca é igual a outra. Podemos aprender com a experiência do outro – não é preciso se queimar para entender que fogo queima – e até efetuarmos mudanças, mas não podemos desistir, como meu aluno fez, "respaldados" pelo fracasso de outra pessoa. Nunca abandone a razão e a curiosidade, elas são fundamentais para quem deseja crescer como ser humano. Aliás, crescer é aprender e é esse o nosso compromisso com a vida.

Durante um processo de mudança nós refletimos sobre o que já trazemos em nossa bagagem pessoal de conhecimentos; identificamos nossas capacidades emocionais, profissionais e aptidões específicas àquele processo de mudança, desequilibrando o "conforto" da velha situação em busca do prazer de uma nova situação, que nos satisfaça mais. Todo esse processo se desenrola de forma quase despercebida. Por ser meio "burocrático", lento, tem-se a impressão, inclusive, de que nada está acontecendo. É necessário um tempo para que as mudanças se efetivem e também um tempo interno para ajustar-se a elas. O problema é que esse tempo interno varia de pessoa para pessoa e parece que o do concorrente é sempre mais veloz do que o seu. Por isso, aqui segue um bom conselho:

Mais uma vez, o autoconhecimento é ferramenta indispensável, a menos que você deixe para conhecer suas limitações, seus paradigmas e valores pessoais, além, obviamente, da capacidade necessária à mudança desejada, na hora de executá-la. Vencer a timidez é um profundo processo de mudança e deve começar com a pergunta "Por que não?" sempre que estivermos diante de uma nova situação. Já observou quantas pessoas passam por você na rua? Pessoas que provavelmente você não vai encontrar mais? Comece por aí: busque assunto, pergunte as horas, entre numa loja e pergunte preços – se relacione!

Ponderações: para Você Pensar...

- As pessoas possuem todos os recursos que necessitam.
- A pessoa com maior flexibilidade controla melhor a situação.
- Não existe "falha", existe oportunidade para avaliar um conserto.
- Se do seu jeito não está funcionando, tente outro jeito.
- Se não sabe ou não percebeu a informação necessária, pergunte.
- Como dizia Mark Twain: "Se a única ferramenta que você dispõe é um martelo, todos os problemas para você serão pregos."

Motivação

O princípio é primário mas reflete uma verdade indiscutível: o que temos a comunicar pode atiçar o interesse de alguns, e ao mesmo tempo, sequer arranhar a curiosidade de outros. Ainda que a mensagem tenha caráter geral ou de utilidade pública, as disposições individuais dos receptores são diferentes. Assim sendo, o estudo das técnicas para "atrair" o público é tão importante para o comunicador quanto, por exemplo, as técnicas de redação ou de impostação da voz. Infelizmente, o que se vê na maior parte das apresentações é, normalmente, uma atitude desinteressada, apresentações monótonas, recursos visuais pobres (apesar de toda a tecnologia disponível) e palestrantes egocêntricos que consideram o tema de suas palestras, por si só, o atrativo necessário e suficiente para manter a audiência "acesa". Alguns são tão apaixonados por seus temas e/ou pela empresa em que estão trabalhando, que se descuidam completamente de preparar uma boa apresentação: falam mais ou menos, apresentam seus temas de forma morna, sem graça, ficando a cargo da platéia compreender o conteúdo que está sendo exposto e, por vezes, até mesmo conseguir "ouvir" o orador.

Observe as edições extraordinárias dos telejornais. Vez por outra as emissoras precisam interromper a programação normal para veicular uma notícia urgente, o que requer um corte brusco na novela ou no filme que estiver sendo exibido. O que é feito então? Colocam no ar, ao mesmo tempo, a logomarca do jornal oficial da emissora (com a palavra "urgente" ou "plantão") e a musiquinha característica "de notícia urgente" que já está gravada no inconsciente do público como "sinal de que alguma coisa extraordinária aconteceu". Os telespectadores reagem imediatamente a esta chamada, concentrando sua atenção na telinha, mesmo sem saber qual será a notícia. A notícia nestas edições é sempre curta, sintética, atendo-se somente à essência do fato. Os detalhes e as informações complementares são veiculados mais tarde, no horário normal do telejornal da emissora. Além de informar "no ato", as edições extraordinárias selecionam o "público da notícia" preparando-o para o "daqui a pouco".

As manchetes dos jornais impressos também têm essa mesma proposta. A síntese da notícia expressa em pouquíssimas palavras objetiva tão-somente despertar a curiosidade do leitor, forçando-o a comprar o jornal, visto que a notícia, na íntegra, está nas páginas internas. Algumas dessas manchetes, inclusive, fizeram história no jornalismo:

- "Zico critica Figueiredo" – na época do regime militar, ou mais propriamente, durante o governo do general Figueiredo, certo jornal voltado para esportes saiu com essa manchete. Uma ousadia para a época. Afinal de contas, até então não eram comuns manifestações tão explícitas nos nossos periódicos. Abrindo o jornal o leitor poderia, enfim, descobrir que o tal Figueiredo era, na realidade, um zagueiro oriundo do time de juniores, que o Flamengo tentava efetivar como titular.

- "Cachorro faz mal à moça" – manchete publicada por certo jornal paulista. O tal "cachorro" era, na verdade, um "cachorro-quente" malconservado que causou uma baita intoxicação alimentar na jovem consumidora.

- "Pastor acaba com a procissão e põe padre para correr" – manchete de um jornal de Fortaleza. O "pastor" veiculado na notícia era um "pastor alemão" que, assustado com o movimento na rua, pulou o muro e avançou nos fiéis.

- "Juiz põe Peru pra fora e corre atrás de Velha" – manchete publicada por um pequeno jornal do interior de Pernambuco, na cidade de Petrolina e que causou o maior rebuliço. A notícia, na realidade, era sobre um jogo de futebol entre dois tradicionais times rivais da cidade de Caruaru: o Esporte e o Central. "Peru" era o nome de um dos atacantes do Central que, depois de agredir um adversário, acabou sendo expulso de campo. O técnico Olacir dos Anjos, mais conhecido como Velha, revoltado, entrou em campo e tentou bater no árbitro, porém acabou sendo posto para correr pelo dito-cujo, sujeito "macho da moléstia".

Essas manchetes maliciosas são comuns, principalmente, nos jornais "políticos":

- "Prefeito diz que não pagará atrasado" – há alguns anos, o prefeito de uma cidade do interior foi condenado a pagar os atrasados devidos ao funcionalismo do município, por meio de uma ação patrocinada pelo jornal local, oposicionista ferrenho ao governo. Como se tratava de uma sentença judicial, o prefeito não teve outro jeito a não ser pagar aos funcionários na data determinada pelo Meritíssimo. Na véspera do pagamento, o prefeito chamou o editor do jornal e exigiu que ele noticiasse que, no dia seguinte, impreterivelmente, o dinheiro dos funcionários estaria no banco. O editor, então, preparou essa manchete, provocando o maior rebuliço na cidade.

Como podemos observar, a eficiência da mensagem ou do comunicado, depende muito da "preparação" e da motivação do receptor. Se a pessoa não tiver interesse ou for inadequadamente "instigada" pela mensagem, o resultado será, respectivamente, inócuo ou desastroso.

Técnicas para Motivação do Público

Diante da necessidade de transmitir uma mensagem, cabe ao emissor analisar previamente os seguintes aspectos quanto à motivação de seu público:

- se a mensagem é de interesse geral ou específico;
- o grau de expectativa;
- se tem condições emocionais para recebê-la;
- se está apto para entender o conteúdo da mensagem.

É preciso ter em mente uma verdade essencial: se alguém se dispõe a ouvir o que você tem a dizer é porque guarda uma certa expectativa quanto ao seu pronunciamento, seja por necessidade ou simples curiosidade. Portanto, os "primeiros sinais" são fundamentais, visto que, normalmente, o interesse tende a decrescer à medida que as informações vão se tornando "suficientes" ou desinteressantes para o ouvinte – é o que se chama "processo seletivo de audiência" – e os detalhes ou complementos perdem o caráter geral, particularizando a mensagem.

Outro fator que compromete o grau de interesse é o caráter geral ou muito específico de seu conteúdo. Observe o exemplo desta notícia sendo veiculada em um telejornal de âmbito nacional:

- **Chamada**: "Amanhã aumentará o salário mínimo".

(Supõe-se que 99% dos telespectadores irão prestar atenção na notícia que virá a seguir.)

- ***Lead*** (chamada): "O Governo acaba de autorizar um aumento de 10% no valor do salário mínimo, a vigorar a partir de zero hora de amanhã".

(99% dos telespectadores continuam atentos.)

- **Complemento**: "Nos estados onde o valor do salário mínimo é superior ao ditado pelo governo, o aumento ou não caberá ao governador decidir."

(Esta parte da notícia já não é de interesse geral, portanto o número de telespectadores atentos decresce, vamos supor, para 80%.)

- **Continuação da notícia**: "Aos funcionários públicos ditamos que o aumento de salário não poderá ser superior ao valor de R$ 1.500,00."

(As informações neste trecho são ainda mais específicas, o que faz o percentual de pessoas "ligadas" cair mais um pouco.)

Outro aspecto a ser considerado é o grau de expectativa do receptor: quanto maior a expectativa criada, maior a atenção dispensada. Jamais comece um comunicado, mensagem ou discurso sem provocar um certo clima de curiosidade na platéia. Esta curiosidade inicial pode facilitar principalmente o começo da sua exposição. Contudo, lembre-se de dosar a expectativa com a satisfação obtida, senão as opiniões acerca de seu discurso serão sempre negativas. Oradores ou comunicadores mais experientes utilizam-se deste recurso com bastante freqüência. Observe que nos programas de televisão nenhum apresentador encerra um bloco sem avivar a curiosidade do telespectador quanto ao que virá no bloco seguinte. As telenovelas também usam este recurso com as tais "cenas do próximo capítulo".

O estado emocional do receptor também pode influir decisivamente para a eficácia da comunicação. A tensão, a angústia e o medo, por exemplo, exercem uma espécie de bloqueio na capacidade cognitiva, enquanto que a alegria, a descontração e o bom humor estimulam a atenção e o entendimento. Ter conhecimento prévio do estado emocional do ouvinte, sempre que possível, é um bom trunfo. Há, inclusive, uma piada clássica sobre o assunto:

O comandante escalou um recruta para tomar conta dos seus animais de estimação, dentre os quais um gato angorá, muito bonito, que era a paixão da esposa dele. Apesar de todo cuidado e zelo, eis que, um dia, o tal gato amanhece morto. O recruta corre, então, até a casa do comandante e dá a notícia, assim de supetão:

– O gato morreu!

Ao ouvir a trágica notícia, a mulher tem um chilique, estrebucha todinha e quase estica as canelas. O comandante, inconformado com o despreparo do recruta, repreende-o didaticamente:

– Você não poderia dar a notícia desse jeito! Nestas horas é preciso ser prudente para evitar que a tragédia seja ainda maior. Você deveria ter chegado de mansinho e dito, por exemplo: "o gato subiu no telhado". Depois, com mais tato, dizer: "o gato caiu do telhado". E só então dar a notícia fatídica. Entendeu?

O recruta aceita humildemente o ensinamento e volta para o quartel.

Só que, por uma destas fatalidades da vida, eis que, duas semanas depois, o tal comandante tem uma síncope enquanto treinava os soldados e acaba morrendo, ali mesmo, no campo de treinamento.

Imediatamente, o recruta se oferece para dar a notícia à viúva e parte para a casa da vítima. A esposa vem atender à porta:

– Pois não...

– Eu estou aqui para dar uma notícia para a senhora!

– Sim... pode falar!

– Bem... o comandante subiu no telhado!

Além de avaliar o estado emocional do ouvinte, o emissor precisa, igualmente, certificar-se de que esse está apto a entender o conteúdo da mensagem. Códigos lingüísticos diferentes afastam o receptor do emissor e a comunicação se torna praticamente impossível, enquanto códigos iguais os aproximam.

Recentemente, as revistas especializadas em educação publicaram uma matéria sobre a experiência de um colégio em Londres onde, pela primeira vez, alunos portadores de retardamento mental estavam dividindo as salas de aula com outros considerados normais. Diferentemente do que os leigos e preconceituosos possam pensar a princípio ao ler esse parágrafo, a experiência tem-se revestido do maior êxito. A integração destes alunos foi ótima e o sentido de colaboração e participação dos demais aumentou consideravelmente. Uma das professoras deste colégio deu o seguinte depoimento:

– Para mim está sendo uma experiência fantástica já que, de certa forma, fui obrigada a rever minha didática. Precisei descobrir alternativas muito mais simples para ensinar e, com isso, os demais alunos acabaram ganhando também. O aproveitamento dos alunos considerados normais melhorou bastante e eu, enfim, descobri que a gente sempre pode ensinar melhor quando simplifica as coisas.

Este depoimento ratifica o princípio citado há pouco de que "códigos lingüísticos diferentes afastam as pessoas e códigos iguais aproximam". Ao rever sua didática e procurar alternativas mais simples para ensinar, esta professora simplesmente motivou os alunos para receberem, enfim, uma mensagem mais inteligível.

Imagine um cartaz anunciando pastéis de camarão, mas escrito dessa forma: "Propomo-nos a vender massa esticada de fécula de trigo, recheada com crustáceo decápode, do grupo dos Peneídeos, frigida em óleo de Papilonácea." Sabe quantos pastéis serão vendidos? Talvez dois: um para um faminto professor de Biologia e outro para um maluco qualquer.

Agora, imaginem alguém que desconheça o linguajar da malandragem, estabelecendo-se com um barzinho na zona da boemia. Se o "papo do garganta" não empatar com o "orelha", não haverá comunicação possível. (Em tempo: "papo do garganta" são as expressões do malandro, e "orelha" é o ouvinte.) Ele ouvirá pedidos mais ou menos assim:

"Olhaí amizade, sacramenta a que matou o guarda e descola um engasga-gato, falou?"

"Desce uma loura gelada e um sal esperto!"

"Qualé mermão?... Arrepia uma branquinha, mas ó... passando a régua, sacou?"

"Entorna uma pura, mas antes bate pra mim onde eu posso tirar água do joelho?"

A motivação para receber a mensagem pode estar intrínseca (na própria mensagem) ou estar extrínseca (no emissor). Analise a seguinte situação:

Uma mulher muito bonita vem passando pela rua e é abordada por um conquistador bastante experiente em dar "cantadas" irrecusáveis. A mulher, neste caso, é a receptora, o homem o emissor e a "cantada", a mensagem. A princípio, nada garante que o conquistador terá êxito desta vez. Por mais experiente que seja neste tipo de comunicação, e por melhor que seja a qualidade da sua mensagem, ele vai precisar motivar a receptora. É esta condição antecedente que determinará a seqüência do processo.

A partir deste episódio pode-se concluir que, sem motivar adequadamente o ouvinte, a mensagem, por mais elaborada que seja, se perde. Primeiro, o emissor precisará conquistar a simpatia e a confiança do receptor.

Toda e qualquer proposta de comunicação deve seguir o primeiro mandamento da Teoria da Qualidade Total em sua extensão mais ampla: "O cliente (receptor) é quem decide sobre a qualidade do produto (mensagem)". Por mais que o emissor tenha a intenção de passar a mensagem adequadamente, é o receptor quem decide se ela é interessante, está chegando de forma audível e se ela é suficientemente atraente para merecer atenção.

Improvisação e Talento

Quando eu não puder criar mais nada, estarei no fim.

Coco Chanel

O talento é a manifestação criativa de determinada habilidade. Muitas pessoas cantam, outras tantas pintam e um outro batalhão joga futebol ou toca violão. Até aí nada de extraordinário. Porém, há algumas pessoas que expressam estas mesmas habilidades de uma forma criativa, inovadora, permitindo uma nova leitura do mundo a partir de sua criação. Estes são os talentosos.

Na comunicação com o público as coisas também não são diferentes. Há oradores que desenvolvem tanta habilidade e tanta técnica para falar ao público que acabam por romper as regras tradicionais da sua arte e abrem espaço para uma manifestação espontânea do espírito: a improvisação.

Tal como nas demais artes, o espírito criativo se manifesta sempre contrariando as convenções e os princípios preestabelecidos. A história registra uma centena de exemplos de homens que, em um determinado momento das suas vidas, permitiram que a mente voasse para longe e de lá trouxesse uma espécie de "sabedoria pronta" que não precisava de elaboração.

Há bem pouco tempo ouvi uma história a respeito de um palestrante que, ao abordar a relação fornecedor/consumidor em sua apresentação sobre o tema "vendas", narrou o seguinte fato para ilustrá-la. Ao chegar em casa, certa noite, foi abordado pela mulher, avisando-lhe que a filha estava na sala com o primeiro namorado. A princípio ele ficou indeciso, cumprimentava ou não o candidato? Ao ver quem era o rapaz, constatou que se tratava de um adolescente, como ele havia sido um dia (sabia muito bem o que estava povoando aquela mente) e que ele estaria em uma situação pior ainda se a filha fosse como a mãe havia sido um dia... Ter que passar da situação de consumidor (namorado da mãe) para a de fornecedor (da própria filha) o incomodou bastante naquele momento! Nada mais sábio para ilustrar a tal relação de vendas. Aquela história foi tão informal, tão engraçada e, ao mesmo tempo, tão do conhecimento daquele público que, de certo, muitos devem ter se identificado com aquele contexto, nem que fosse no lugar da mãe da menina. Em tempo: a palestra foi muito bem avaliada e o palestrante um sucesso!

Os oradores, de modo geral, procuram dosar os seus discursos com pitadas de razão e de emoção em proporções adequadas a sua proposta essencial. Se precisam provar alguma coisa, recorrem a argumentos sólidos; se precisam emocionar a platéia, usam muito mais a emotividade. Por exemplo, aquela historinha que você ouviu em uma reunião entre amigos pode se tornar um excelente subsídio. Portanto, exercite-se também em seus relacionamentos, ouça os "casos" com atenção e passe a colecioná-los como truques indispensáveis ao seu sucesso!

Porém, algumas vezes, em meio a um discurso previamente elaborado, pode brotar uma idéia, subitamente, que a sensibilidade do orador percebe de imediato. Nesse momento, surge a dúvida: Seguir o roteiro previamente elaborado ou quebrar aquele encadeamento e deixar que a "inspiração" se manifeste? Os oradores mais experientes – com muitas "horas de público" – certamente já vivenciaram várias situações desse tipo e, por isso mesmo, sabem como manipular a "inspiração intrometida". Os mais inexperientes, contudo, podem pecar pela indecisão. Para estes, o recomendável é seguir à risca o roteiro original, deixando para reflexão futura as idéias extemporâneas.

Exercícios Propostos

1. **Exercitando a técnica da improvisação** – Um dos exercícios mais apropriados para se desenvolver essa técnica é seguir o modelo dos cantores repentistas e treinar bastante. Estes artistas habituaram-se, ao longo do tempo, a organizar as idéias espontâneas de tal forma que as palavras fluem naturalmente, construindo versos que têm, basicamente, duas propostas:

   - rimar no final do período;
   - produzir determinada emoção (riso, constrangimento, piedade, etc.).

Partindo deste princípio, escolha uma palavra-chave, faça uma rima com outra palavra, formulando duas frases curtas, mais ou menos simétricas. Por exemplo:

- Palavra-chave – Felicidade

- Primeira rima que vem à mente – Saudade

- Construção (frases curtas) – "Pra poder morrer de felicidade, preciso antes matar a saudade."

Atenção: Na primeira etapa não se preocupe, a princípio, com a qualidade literária da sua composição, ocupe-se tão-somente em construir frases rimadas – deixe que os versos fluam naturalmente, sem censura e sem bloqueios. Posteriormente, quando tiver dominado a arte da rima, você terá uma facilidade maior em compor frases mais elaboradas, inclusive mais rápido e, ao conseguir vencer o "medo de errar", as coisas melhorarão bastante. Com a freqüência, você acabará concluindo que nem os repentistas são tão "repentistas" assim: na verdade, eles carregam consigo um fabuloso "banco de dados" a ser consultado com a maior prontidão, a qualquer momento.

2. **Improvisando um texto falado** – Separe uma matéria qualquer no jornal, sem ler o assunto abordado. A partir do *Lead* desenvolva, de improviso, um texto falado em voz alta por, inicialmente, 30 segundos. Em seguida, aumente o tempo e vá incrementando a dificuldade.

3. **Improvisando uma narrativa** – Formule uma história que tenha sentido e na qual, obrigatoriamente, apareçam as seguintes palavras, nessa ordem: surpresa, motivação, pedestre, montanha, colisão, mulher, atração, brinquedos, cicatriz, palavrão, sindicato, rifa, camisolas, lentes de contato, chinelos, comida chinesa, cuspe, indignação, sujeira, artesanato, vergonha.

A Força da Palavra

A palavra é a ferramenta mais poderosa do homem. É capaz de construir e destruir com tanta eficiência, que dominá-la é o mesmo que "ter poder". Através dela podemos transmitir conhecimentos, ferir, salvar, magoar, entusiasmar, atingir o inimaginável e até construir castelos, preconceitos, seitas, políticas e filosofias. É a palavra que sentencia a socialização do homem e traduz suas necessidades e anseios. É por intermédio dela que nos comunicamos uns com os outros e, principalmente, que pensamos.

Um orador precisa ter um bom domínio sobre a palavra. Não só porque permite-lhe expressar com mais precisão e clareza sua mensagem mas porque, antes de tudo, o ajuda a pensar melhor.

Por exemplo, peça a um aluno de 2º grau, em fase de preparação para o Vestibular, que lhe diga o que vem a ser cariocinese. Se ele for um aluno de Biologia razoável, vai responder: "Cariocinese, ou mitose, é uma divisão celular em que o núcleo forma cromossomos e estes se bipartem, produzindo dois núcleos filhos com o mesmo patrimônio original. Engloba quatro fases principais: prófase, metáfase, anáfase e telófase e é observada em todas as células animais e vegetais." Agora, tente reproduzir mentalmente, na íntegra, essa explicação. Se não conseguiu, tente então explicá-la com suas próprias palavras, mas sem reler o texto. A menos que você tenha razoáveis conhecimentos sobre esse assunto, dificilmente conseguirá criar uma imagem inteligível do que é cariocinese e ainda transmiti-la para alguém. Este, com certeza, é um exemplo bem característico de como o domínio da palavra pode engrandecer alguém ou reduzi-lo a um pedaço de paralelepípedo ambulante.

Todo o conhecimento provém da palavra. Se você quer, realmente, ser um bom orador é necessário observar as palavras, não como letras agrupadas, fáceis de serem decoradas, mas como corpo vivo, com tamanho, cores e sons bem apropriados. Pois assim é a força da palavra: uma força capaz de mover a sua vida para a frente ou para trás.

Cuidado com as Piadas

Talvez os funerais sejam a única ocasião na qual os apresentadores não tentem ser engraçados. No mais das vezes, é comum assistirmos a palestras salpicadas com estas "fagulhas de calor". Elas entram no contexto como "liberadoras de tensão", relaxando e "reconcentrando" as atenções. O humor é intangível e, como costumam dizer: "manhoso como uma gota de mercúrio e frágil como o aroma de um perfume".

Contar piadas nem sempre é o melhor recurso para tornar uma apresentação mais interessante, embora seja uma das ferramentas mais usadas para tentar manter a atenção do público e "salvar" a palestra. Há apresentadores inclusive, que procuram entremear a sua *performance* com gracejos que "eles" acham geniais, mas que nem sempre são acolhidos como tal pelos ouvintes – e aí é que mora o perigo. É muito constrangedor ver um pretenso humorista, que acredita ser engraçado quando não é, fazendo as vezes de um calouro pronto para ser buzinado.

Um ponto, contudo, precisa ficar bem entendido: a platéia não foi convocada para assistir a um *show* de humor. Ela foi para uma outra finalidade e nem sempre está com o espírito preparado para rir das gracinhas de alguém, principalmente quando as piadas são de mau gosto e/ou mal apresentadas – tão ruim quanto uma piada de mau gosto é aquela malcontada. Tal exposição ao ridículo pode ser fatal para uma apresentação.

Antes de optar por esse recurso, verifique se a piada escolhida é:

- apropriada;

- de bom gosto;

- nova;

- realmente engraçada;

- pertinente ao assunto;

- ofensiva a alguém ou preconceituosa;

- possível de ser contada com elegância.

A Mentira

Na grande maioria das vezes, contar uma mentira é ferir a ética. Mentir para tirar proveito sobre uma pessoa indefesa, completamente inocente, é realmente muito repugnante. Mas, em comunicação, existe também a chamada **mentirinha inofensiva** que serve, basicamente, para evitar tensões ou conflitos, estreitar os relacionamentos e facilitar a interação. O curioso é que, por mais inofensiva que seja, é ao emissor que a mentirinha sempre favorece. O grande perigo é que, se ela for detectada por seus ouvintes, fará você perder de vez a confiabilidade e a credibilidade – não há perdão nos relacionamentos com o público. Aliás, eu questiono o perdão em qualquer relacionamento. Há uma ligação direta entre o grau do sentimento de traição, gerado em quem descobre que foi enganado e a profundidade da relação.

Nos relacionamentos interpessoais fragiliza a auto-estima do "traído" e descredencia o mentiroso. Com o público, o maior ônus diz respeito à notoriedade de quem aborda o assunto. Fazem parte do grupo de mentirinhas inofensivas:

- exageros;

- insinuações;

- ambigüidades;

- ironia.

Dentre as "mentirinhas inofensivas" há os **exageros** ou o **papo de pescador**. Aumentar o tamanho do peixe só serve mesmo para atribuir maior interesse ao assunto – não tem graça nenhuma falar de um peixinho medíocre. É muito mais interessante se for um exemplar de 2 m, que lutou muito antes de ser capturado.

Outra forma são as insinuações, amenizando uma declaração que poderia ser mal interpretada pelo ouvinte. Por exemplo, você até deveria falar para um amigo que ele precisa parar de comer doces pois está tremendamente gordo, mas prefere dizer que ele pode dispensar aquela sobremesa por não estar com bom aspecto!

Há também as **ambigüidades**, frases proferidas criando um duplo sentido intencional, provocativo, para instigar algum tipo de reação. No exemplo a seguir, a pergunta do chefe pode levar o funcionário a diversas reações: responder tranqüilamente as horas; tentar justificar o atraso; ou até agredir o chefe, se ficar muito nervoso ao ouvir a "pergunta".

Um funcionário chega ao trabalho muito atrasado e, ao entrar esbaforido na sua sala, encontra o chefe de cara amarrada, que, mesmo com um relógio no braço, faz questão de perguntar:
– O cavalheiro poderia me dizer que horas são?

E, por fim, a **ironia**, uma afirmativa bem-humorada com sentido contrário (já observaram certos apelidos?), como, por exemplo, dizer que "O orçamento financeiro está tão aparente quanto água no deserto".

O Receptor

*Ninguém é tão pobre que não tenha nada a doar,
nem tão rico que não tenha nada a receber...*

Receptor é aquele que recebe nossa mensagem ou, mais corretamente, a percebe. E essa percepção vai depender da distância entre quem percebe e o objeto a ser percebido. Como já vimos anteriormente, vários fatores irão interferir na mensagem, desde o ponto em que ela é elaborada até a sua recepção. O que pode minimizar estas interferências é procurarmos conhecer nosso interlocutor e falar de forma que ele possa nos entender da melhor maneira possível. Pode parecer piegas e até muito fácil, mas na verdade, é nesse ponto que residem os problemas de relacionamento e, ouso dizer, de toda gama de problemas.

Nos relacionamentos, o que os leva ao sucesso ou ao fracasso é, basicamente, a inadequação da mensagem ao receptor. Nas empresas de sucesso, entre as praxes está a relevância da comunicação interna – não só no contato interpessoal eu-você, mas também na clareza das metas, na democratização da informação – numa postura mais receptiva, de diálogo com o outro, na postura de quem fala buscando quem precisa ouvir e, ao mesmo tempo, todo mundo querendo ouvir... Enquanto isso, nas empresas que não "andam bem das pernas" verifica-se todo tipo de sigilo, hermetismo, enfim, uma série de comportamentos anticomunicativos, eliminando qualquer possibilidade de sucesso. O segredo elementar é que você fala com alguém – então conheça esse alguém!

Se eu lhe perguntasse agora: "O que você espera de seu público?" Você poderia me responder que espera ser aceito (lembra do Maslow?); que ele aprenda seus ensinamentos; não ter trabalho com ele; e várias outras respostas poderiam vir à mente. Não acredito que você vá me responder que deseja que seu público reaja à sua exposição, principalmente pela conotação que a palavra "reagir" tem para nós (de movimento contrário) – mas é exatamente o que irá acontecer. Afirmo, com toda certeza, que suas palavras irão despertar uma gama de sentimentos no seu público e só o que restará a ambos é reagir! Se você se sentir aceito pelo seu público, por exemplo, experimentará um misto de prazer, generosidade, felicidade e, ao contrário, a rejeição o conduziria pelas sendas da raiva, do medo, do desdém, etc.

Bem, na verdade é importante entendermos que, em todo o mundo, os sentimentos são expressos a partir de algum estímulo: uns são manifestados quase da mesma forma (como a sensação de felicidade); outros já apresentam variações de grupo para grupo por razões culturais (o que leva uma mulher a chorar, ou não, a perda de seu filho

Figura 15

pode ser a presença de uma cultura em que a morte seja considerada um presente, ou que ela esteja proibida de se expor, ser escandalosa, por causa da religião, etc.), ou por questão de gênero.

Diante disso, concluímos que para despertar no receptor, com sucesso, as emoções que pretendemos, é vital conhecermos aspectos fundamentais de nossa platéia, como cultura, crenças, enfim, todas as pistas possíveis. O mais interessante é que, para isso, vale o ditado popular "Quem já provou pimenta é que sabe o quanto arde": só temos condições de identificar no outro reações peculiares a um certo sentimento e reconhecermos seu significado se já o tivermos experimentado antes. Para promover este autoconhecimento vale a pena refletirmos sobre nossas emoções.

Por exemplo, rememore detalhadamente um episódio qualquer de sua vida (revivendo todas as sensações visuais, auditivas, cinestésicas, gustativas e olfativas pertinentes) que tenha desencadeado em você algum dos sentimentos abaixo. Procure identificar o gatilho que o acionou e como seu corpo reagiu a isso (que tipo de mensagem não-verbal emitiu).

Procure observar agora pessoas perto de você e tente identificar em suas manifestações, pontos em comum com você ao reagir às mesmas emoções, aos mesmos estímulos – estabelecendo, assim, padrões de referência do comportamento – repare como eles reagem e seus corpos revelam o que se passa em suas mentes.

prazer	amor	conforto
alegria	submissão	vingança
surpresa	reverência	orgasmo
repulsa	desgosto	satisfação
tristeza	desapontamento	ódio
expectativa	remorso	saudade
otimismo	desprezo	dor

Para reforçar essa proposta de conhecer melhor seu receptor, analise também o relacionamento entre mães e filhos pequenos – o quanto elas são capazes de reconhecer expressões como dor, fome, alegria (que passam despercebidas aos demais, incapazes de compreender como foi possível ocorrer aquela sintonia, em se tratando de crianças tão pequenas que, às vezes, mal balbuciam uma palavra!) e tantas outras que nós, de fora, não conseguimos entender como ocorreu aquela compreensão! Ou, então, procure conversar com portadores de doenças crônicas, que façam parte de alguma sociedade ligada àquela enfermidade e verifique como o fato de pertencerem àquele grupo, reconhecendo na fala do outro a descrição exata do sintoma que estão sentindo, traz uma sensível melhora ao quadro clínico e emocional do indivíduo. É incrível!

As Trocas

Em todo relacionamento estamos ensinando e aprendendo alguma coisa. Mesmo em situações informais esta troca acontece. Quem nunca guardou uma piadinha de mesa de bar para contar depois para outros amigos? Vamos, então, considerar que comunicar é uma espiral de ensinamentos e, nesse caso, nosso receptor também é, antes de tudo, um aprendiz.

A Psicologia da Aprendizagem tem procurado incrementar os subsídios acerca do comportamento humano durante a aprendizagem. Esse recurso é indispensável para traçarmos o caminho certo a ser trilhado, de modo que a compreensão efetivamente ocorra. Como já vimos, neste jogo somos parte importante – e imprescindivelmente ativa – da comunicação, e devemos ter como meta nosso ouvinte, não importa como!

Obviamente, quando vamos fazer uma apresentação – seja para um grande público ou numa singela reunião – já temos algum conhecimento prévio de nossos ouvintes, ainda que muito restrito. Mas é a partir dessas informações e de outras mais recolhidas durante o encontro, que iremos moldar nosso discurso.

Há informações, entretanto, de extrema importância para o nosso sucesso, que só conseguimos perceber a partir da observação sensível do público. Com certeza, ninguém vai colocar na sua ficha de inscrição, por exemplo, que é hipercinético (aquela pessoa muito irrequieta, que se mexe muito na cadeira, e/ou tem necessidade de movimentos corporais acessórios), ou que está passando por uma fase depressiva. Porém, são exatamente características individuais como estas que irão formar o perfil do grupo. Saiba reconhecer as mais comuns.

Tipos Comuns de Ouvintes

Diversos tipos de pessoas formam a platéia que nos ouve. Se procurarmos livros sobre este assunto, encontraremos um número sem fim de títulos abordando os padrões de comportamento mais comuns. O que não devemos fazer é "rotular" nossa audiência, qualifi-

Figura 16

cando aquele indivíduo "assim ou assado", porque desta forma, estaremos criando gatilhos de proteção e de reação em nós mesmos. Se, por exemplo, não gostamos de um determinado ambiente, a tendência é evitá-lo. Esse desconforto pode até nem estar diretamente relacionado ao espaço físico (à exceção de certas fobias, como de lugares fechados ou de altura), mas às pessoas que o compõem. O mesmo acontece com a platéia: se você, suponha, "rotular" sua platéia de agressiva, acabará reagindo a isso e não conseguirá disfarçar sua comunicação não-verbal. Por isso, esteja sempre de coração aberto.

Ser sensível é acreditar que nós, comunicadores eficazes, somos capazes de ser agentes influenciadores e de conduzir nosso público com sutileza, respeito, compreensão, bom humor, paciência e humanidade. Por isso, nada de "dar nome aos bois", apenas uma descrição das atitudes mais comumente encontradas. É bom termos sempre em mente que devemos manter um comportamento aberto, sem preconceito; afinal, aquele que chamamos de "chato" hoje pode ser a pessoa a quem nossas palavras mais vão impressionar, é só uma questão de tempo...

Como foi dito antes, não devemos (nem podemos) rotular nossa platéia, mas um conhecimento básico do que caracteriza os tipos de comportamento mais recorrentes em palestras é essencial, tanto para o palestrante – que assim conduz melhor a sinergia do grupo – quanto para o ouvinte – que, sendo mais bem compreendido (e acolhido) tem condições de interagir de forma mais positiva com o meio.

Alguns ouvintes são **otimistas e muito entusiasmados**, porém perdem a objetividade do assunto, pois tendem a fazer generalizações e a ter visões com base em sentimentalismos. Devemos tomar cuidado com eles, dosando-lhes a atenção dada para não sermos suplantados por sua capacidade de reter a atenção do público. Entretanto, a presença desses ouvintes em grupos mais inibidos é ideal, pois nos auxiliam a incentivar a participação dos demais.

Outros, dotados de muita **praticidade**, por vezes podem atrapalhar a exposição do orador, pois sempre tendem a induzir um desfecho rápido do assunto, que pode ficar mal ilustrado ou abordado. São muito ansiosos e cinestésicos, funcionando bem como incentivadores de debates (mas com algum comedimento). Você poderá identificá-los rapidamente, mesmo em auditórios maiores, pois eles são do tipo "não-pára-quieto-na-cadeira" – quem fica sentado atrás deles sofre, porque é constantemente importunado por sua inquietude.

Os ouvintes do **tipo extrovertido** também são muito recorrentes em palestras. Embora tenham um temperamento expansivo receptivo, a assimilação do assunto acaba se processando muito lentamente, pois eles precisam de um tempo maior para chegarem a alguma conclusão. São pessoas que fazem perguntas fora de hora – normalmente sobre um assunto já abordado – quebrando um pouco a linha de raciocínio da platéia. Devemos responder as suas perguntas em conjunto com a platéia, caso o número de pessoas presentes permita essa dinâmica. É também uma boa forma de aproveitar para sondar como está a compreensão do público e provavelmente vocês se encontrarão com ele logo após a palestra, pois ele irá procurá-lo com uma série de questionamentos.

Nessa platéia tão eclética encontramos também pessoas que desenvolvem um mundo interior particular e nele vivem, tirando suas próprias conclusões, muitas vezes contaminadas pelo seu alto grau de crítica. Têm uma **boa capacidade de assimilação e lógica**, por isso a ilustração do assunto é muito importante, desde que não se torne prolixa demais, para que sejam capazes de compreender exatamente o que queremos falar.

Já outros ouvintes mostram-se muito **lógicos e enérgicos**. São bons líderes, muito práticos e ótimos auxiliares na condução de assuntos técnicos. Quando permitimos sua colaboração, devemos nos certificar de que os demais ouvintes conseguiram acompanhar sua síntese pois, como vimos, nem todos possuem o mesmo ritmo de compreensão.

Como não poderiam deixar de existir em qualquer grupo, há aqueles que possuem um **grau muito grande de timidez**, levando-os a não revelarem suas dúvidas, o que acaba por comprometer sua compreensão do assunto. Esse tipo de ouvinte exige um bom nível de percepção por parte do comunicador, pois nunca se manifesta.

Na verdade, um "ser humano" não é um produto acabado, mas a soma de si mesmo com os efeitos das circunstâncias momentâneas sobre seu perfil. O fundamental é sabermos reconhecer não o indivíduo, mas o comportamento característico que ele estiver desenvolvendo no momento da palestra e suas possíveis causas. Para o comunicador eficaz não interessa fazer uma análise profunda do comportamento humano; deixemos isto para os terapeutas. O importante é sabermos conduzir bem o clima sinergético formado por todos nós – falantes e ouvintes – um elemento mal sintonizado é agente contagioso de todo o ambiente e pode significar danos à qualidade de nossa apresentação. Uma avaliação mais acurada do grupo só se tornará possível, em se tratando de platéias pequenas, e se estas permanecerem sob nossa responsabilidade didática por um tempo maior, como no caso de cursos e dinâmicas de grupo mais extensas.

Como bom ser humano que você é, tenho certeza de que já enquadrou algum conhecido em alguma característica disposta aqui, ou até mesmo tentou se rotular... Só que a prática nos fez perceber que não existe um ser humano imutável. Ou será que você vai se comportar exatamente da mesma forma em uma reunião de negócios, numa partida de futebol, na compra de um imóvel e em um baile de carnaval?

Os Conflitos

Quando as necessidades do nosso ouvinte não são sanadas, aparecem os conflitos. O que nos interessa aqui é a forma que o nosso ouvinte encontra para manifestar, ou não, o conflito que habita em sua cabeça. O ideal seria que todos fossem capazes de uma resposta assertiva, expressando seus pensamentos de forma aberta, objetiva, direta e sem julgamentos – mas considerando que nos relacionamentos, o homem segue o princípio de que: "Se podemos complicar para que simplificar?" – o que acaba ocorrendo é um rosário de reações as mais diversas possíveis:

- Engolidores de sapo – algumas pessoas optam por não manifestar seus sentimentos. Guardam suas emoções e também, talvez por falta de confiança ou habilidade, todas as contrariedades. Esse tipo de comportamento é bem mais comum do que imaginamos! Em relacionamentos "marido-mulher" é muito freqüente encontrarmos aquele que segura tanto as suas emoções, para evitar conflitos, que acaba carregando nas costas o peso de uma relação predatória. Outras vezes, chegam a manter distanciamento físico, evitando o outro pela mágoa. Nas platéias, são aqueles que desistem de prestar atenção e passam a fazer uma "missa de corpo presente".

- **Emocionais** – pessoas tomadas pela emoção que reagem de forma agressiva, variando desde uma agressão de fundo moral (questionando competência, poder, caráter, etc.) ou comportamental (recorrendo a sarcasmo, desdém, competições, etc.) até, raramente (por imposições sociais), a agressão física (como aquela platéia que joga objetos no apresentador).

- **Anônimos** – indivíduos que se utilizam de uma agressão passiva ou que são incapazes de manifestar seus pensamentos de forma direta, passando a agir no anonimato. Incitam o grupo contra o apresentador; formam núcleos contrários, ou então se comportam como se nada estivesse acontecendo, mas vão acumulando muita raiva.

- **Pouco objetivos** – pessoas que se comunicam de forma indireta: fazem rodeios, floreios, carecendo de objetividade para amenizar os seus próprios sentimentos. É como se estivessem se expressando continuamente através de um filtro, ocasionando comprometimento na franqueza e na clareza da mensagem, o que, algumas vezes, é fundamental.

Diante de conflitos, o mais importante é manter o controle para sermos capazes de saber lidar com a situação. Não há melhor maneira de resolver uma crise do que tentar entender suas causas e, por extensão, a reação e os sentimentos decorrentes. Algumas vezes, a grande questão pode ser o fato de não gostarmos de ouvir críticas. Nesse caso, a forma ideal de lidar com isso é apenas acolher os comentários, tentar compreender seu real sentido (se é apenas uma crítica construtiva ou se possui outras intenções embutidas), analisá-los para engrandecer seu conteúdo e potencial e, por fim, agradecer. Ponto final.

O único comportamento que o apresentador precisa evitar é tomar parte em confrontos. Nada de se "armar para uma luta de titãs", ou desprezar o "indivíduo-problema". Mostre-se disposto a um acordo, procure entender os motivos secundários que levaram aquele indivíduo a apresentar determinada postura. Seja superior e elegante!

Ponderações: Como o Receptor Processa a Informação?

A meta principal do comunicador é que sua mensagem seja compreendida pelo receptor o mais próximo possível da intenção original. Em sua Teoria Lingüística, Chomsky considera que na linguagem há um conteúdo profundo, subjetivo ao significado óbvio, e um conteúdo superficial expresso por meio de frases ou pensamentos. Para ilustrar essa questão citarei uma experiência pessoal. Meu avô costumava me chamar carinhosamente de "Deica" (que significa "pequena Andréa"). Quando, tempos após sua morte, um amigo me chamou por este mesmo apelido tive, subitamente, uma grande vontade de chorar e vários momentos vividos com meu avô vieram a minha mente naquele instante – revivi bons tempos... O significado óbvio dessa experiência seria a tradução do apelido em um conteúdo de profundo significado emocional para mim.

Quando uma mensagem chega ao cérebro de um receptor, carregada de conteúdos, existe uma tendência natural de organizá-la segundo alguns critérios. A Programação Neurolingüística nomeou de generalização, distorção e eliminação aos processos de configuração das informações/experiências que, algumas vezes, serão o principal motivo para afastar tanto da realidade a nossa vivência subjetiva.

- **Generalização** – capacidade de associar a experiência original, ou partes dela, para utilizá-la, posteriormente, personificada. Considere as situações: se uma criança aprende a empurrar o carrinho e percebe que isso é possível por causa das rodas, vai deduzir, por analogia, que todos os objetos com rodinhas poderão também ser empurrados da mesma maneira; se um cachorro mordeu uma criança, todos os cachorros irão representar para ela, a partir de então, uma iminente ameaça (podendo nascer, assim, uma fobia).

- **Eliminação** – o processo pelo qual a atenção é dirigida para um determinado detalhe do estímulo, desprezando-se o resto. É muito freqüente com motoristas: enquanto dirigem prestam atenção ao trânsito, aos sinais e outros carros, mas se fizerem o mesmo percurso como "carona" perceberão várias coisas novas: prédios, *outdoors*, comércio local – como se fosse um outro caminho!

- **Distorção** – é a transformação da percepção. Age como uma lente muito forte que altera a imagem das coisas. Se dois pintores decidirem retratar a mesma paisagem, do mesmo ângulo e com os mesmos pincéis e cores, ainda assim produzirão duas telas muito diferentes entre si. Isto ocorre porque cada um deles distorcerá a paisagem à sua maneira. Como diz o ditado: "Quem ama o feio, bonito lhe parece..."

Considerando todo o conjunto de interferências na mensagem original (no trajeto "receptor-emissor") somado a esses processos de configuração, pode-se compreender a extrema importância que representam a clareza e a objetividade na exposição de idéias.

Para garantir que uma mensagem seja recebida o mais próximo possível de sua intenção original e que a comunicação seja eficaz, comece a perceber a forma ideal de abordar seus assuntos. Uma boa ferramenta para esse fim é o emprego de bons recursos audiovisuais – atualmente, os preferidos têm sido o canhão (canhão/projetor) multimídia (pela infinidade de recursos, como projeção de *slides* e vídeo num único equipamento) e o retroprojetor. Outras boas opções são: recorrer a citação de exemplos, anedotas (com o devido bom senso), dados ilustrativos, informativos e até mesmo a encenação de esquetes como demonstra a historinha que se segue (a qual ilustra um caso típico de distorção da informação):

"Dois generais conversavam em uma colina enquanto supervisionavam as tropas antes da batalha. Um general disse ao seu ajudante:
– Traga minha capa vermelha!
Confuso, o outro oficial disse:
– Mas, general, se o senhor usar capa vermelha, será alvo fácil para o inimigo.
O valente oficial respondeu:
– Não estou preocupado com o inimigo, estou preocupado com meus homens. Se por acaso eu for atingido, o sangue não vai aparecer em minha capa vermelha. Sem saber que eu estou ferido, meus homens continuarão a avançar. Eu não quero de jeito nenhum que eles saibam que eu estou ferido!
Com isso, o outro general virou-se para o seu ajudante e disse:
– Traga minha calça marrom!"

(Revista Qualimetria, nº 73, ano IX, set./1997)

A Didática da Apresentação Eficaz

O conhecimento é a única mercadoria que o consumidor paga, e não faz questão de levar.

Paulo Freire

Uma apresentação bem-sucedida exerce sobre nós um certo fascínio: o apresentador consegue envolver a platéia em perfeito *rapport*, demonstra bem seu conhecimento sobre o assunto abordado, nos acrescenta conhecimentos e promove nosso senso crítico (O que podemos fazer com o assunto abordado? Onde eu posso interferir e melhorar o que estou ouvindo?), enfim, causa uma sensação de "quase embriaguez". Isto não ocorre por acaso: certamente exigiu um bom esforço por parte do palestrante para que tudo transcorresse da melhor maneira possível.

O sucesso de um apresentador está baseado nos três pilares fundamentais, que precisam estar perfeitamente equilibrados, conforme Figura 17 da página 132.

Quando uma apresentação é mais acentuadamente **técnica**, acaba estabelecendo uma relação de fascínio, sem dúvida, mas que não possui "aprofundamento", envolvimento emocional. E em outras pala-

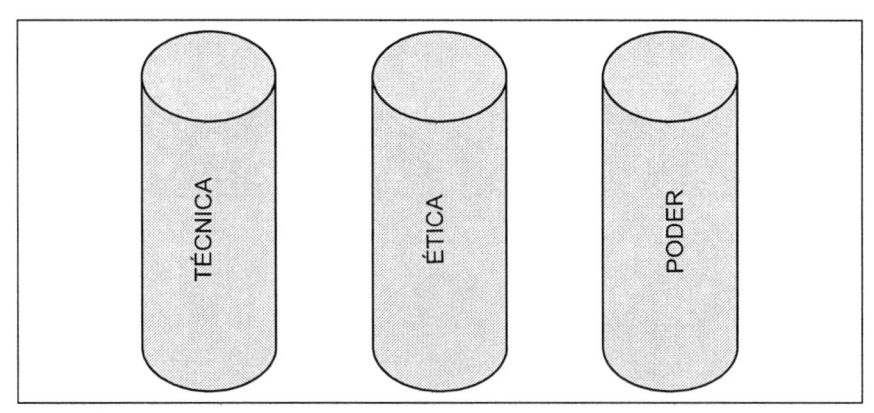

Figura 17

vras, a platéia fica extasiada com a *performance*, mas não compra o peixe. Foucault é muito incisivo, ao falar que toda relação de fascínio é mortal, e é verdade: há uma admiração pela forma, mas na "vida real" sabemos que as coisas são bem diferentes, distantes de tudo aquilo que foi exibido. O que se percebe é um show sendo mostrado e não a transmissão de uma mensagem. Se sua única intenção é esta, mãos à obra: estabeleça uma relação técnica! O azar é seu!

Por outro lado, quando numa exposição, o que mais prevalece é a **ética**, cria-se uma relação de pacto. A platéia é convidada a achar o apresentador tão correto, que passa a considerá-lo alguém incapaz de enganá-la. Tudo o que é dito leva o ouvinte à reflexão (bom sinal), mas se ele discordar do ponto de vista do palestrante, não vai procurar se convencer do contrário, seu julgamento é afetado e ele passará a considerar o palestrante um ingênuo, um coitado por falar tais sandices! Há um certo descrédito na veracidade, na aplicabilidade e na qualidade do assunto.

Se as relações estabelecidas com a platéia estão baseadas em **poder**, dizemos que ocorreu uma limitação da visibilidade da platéia ou, em outras palavras, que se tornou incapaz de pensar, raciocinar sobre o assunto, pois o palestrante passou a ser adorado numa relação de força. É aquele tipo de apresentador que consegue convencer a platéia dos maiores absurdos sem que haja qualquer questionamento, seu poder de persuasão é ilimitado.

Como apresentadores, precisamos nos calçar nesses três pilares (técnica, ética e poder) de forma equilibrada para suscitar, em nossas palestras, as ferramentas fundamentais ao crescimento e instrumentalização da platéia, incrementando o pensamento crítico, o conhecimento e a reflexão. Só assim, o travesseiro (esse terapeuta mordaz) vai nos deixar dormir com a consciência tranqüila de que desempenhamos nosso melhor papel.

Mahatma Gandhi só usava uma tanga a fim de identificar-se com as massas simples da Índia. Certa vez, ele chegou assim vestido numa festa dada pelo governador inglês. Os criados não o deixaram entrar.

Ele voltou para casa e enviou um pacote ao governador, por um mensageiro. Continha um terno. O governador ligou para a casa dele e lhe perguntou o significado do embrulho. O grande homem respondeu:

— Fui convidado para a sua festa, mas não me permitiram entrar por causa da minha roupa; se é a roupa que vale, eu lhe enviei meu terno.

(BASTOS[*], apud NASCIMENTO, 1987)

---

[*] BASTOS, M. D. *Mensagens de otimismo para o dia-a-dia.*

Planejamento

Considerando tudo o que vimos até agora, fica claramente subentendida a importância de um bom planejamento para a comunicação eficaz. De uma forma prática, podemos dividi-lo em três estágios:

- preparação;

- desenvolvimento;

- aperfeiçoamento.

Estes estágios encerram em si, as seguintes propostas:
1. Reconhecimento do público.
2. Reconhecimento do espaço.
3. Escolha e preparação dos canais de comunicação.

4. Coleta do material de pesquisa e consulta.
5. Confecção do material didático.
6. Confecção de recursos audiovisuais.
7. Autocrítica.
8. O momento da apresentação.
9. Observação e verificação dos resultados.
10. Aperfeiçoamento.

Pronto! Você está se preparando para apresentar-se. Este é o ponto zero, onde tudo irá começar... Então, vamos organizar as idéias e realmente planejar uma excelente palestra. Prepare-se de forma adequada e, com certeza, sentirá maior conforto e segurança durante a sua apresentação.

1. Reconhecimento do Público

Tudo o que você precisa é saber qual o terreno que espera pelo plantio. Nunca ouvi dizer que arroz brotasse no deserto...

Prepare-se para seu público, respeitando-lhe as expectativas, curiosidades, limitações técnicas e sociais ao desenvolver seu planejamento – não subestime nem superestime seu público, apenas estime. Pense em tudo: procure conhecer a realidade política, atualidades, motivos, as diversas razões que levaram cada elemento presente a sentar-se na sua platéia; considere inclusive o fato de estarem lá obrigados – isso é muito comum em empresas mais autoritárias. Você precisará de alguns truques para lidar com este público. Pense em como atraí-lo para que sua mensagem seja transmitida da melhor forma possível. Conheça sua platéia.

Lembre-se de que as platéias variam em número, idade, nível cultural, sexo, têm expectativas diferentes, posturas diversas e, por isso mesmo, irão reagir de forma diferente. Portanto, procure informar-se em relação a seu público quanto a aspectos como:

- grau de hospitalidade;
- humor;
- protocolos;
- idade e sexo predominante;
- história (dados fundamentais);
- políticas;
- *status*;
- conhecimento do assunto;
- valores;
- etiquetas;
- interesse pelo tema;
- religião (se o assunto esbarra em dogmas religiosos);
- idioma (no caso de multinacionais e/ou platéia de estrangeiros);
- grau de inter-relações (se trabalham juntos, se já se conhecem, etc.).

Com relação ao interesse pela sua mensagem (a apresentação em si), antes de prepará-la, identifique os interesses de sua platéia respondendo a estas cinco perguntas:

1. As pessoas que irão compor a "platéia" me conhecem e gostam de mim?
2. Qual é o grau de interesse delas pelo assunto?
3. Quanto elas já sabem sobre este assunto?
4. Historicamente, elas são receptivas ou hostis?
5. Qual é o propósito da minha mensagem (apresentação)?

A partir do exposto anteriormente, duas questões preliminares devem ser avaliadas com bastante atenção:

1. se o conteúdo da mensagem é particularmente atraente ou de conhecimento fundamental para o receptor;
2. se há evidências manifestas de aprovação ou rejeição prévia ao tema ou ao emissor, por parte do receptor.

Além desses cuidados, uma das condições indispensáveis para uma boa comunicação é a avaliação do canal de comunicação a ser utilizado e a sua preparação para o evento. Assim sendo, verifique se:

- o público a quem se destina a mensagem tem acesso pleno ao canal selecionado;
- mesmo constatado que o público tem tal acesso, este é o preferido por ele.

2. Reconhecimento do Espaço

Se você puder escolher o local da reunião, lembre-se de verificar:

1. as dimensões da sala ou do auditório, e se tem condições de abrigar o número pretendido de participantes;
2. a acústica do ambiente, que deve ser perfeita em qualquer ponto sem que o palestrante precise se esforçar para isso;
3. o tipo de iluminação do recinto (padrão de qualidade, recursos oferecidos);
4. os fatores de distração a serem retirados do recinto (móbiles, pêndulos, etc.);
5. a forma de acesso disponível para o público: se pelos fundos (como deve ser) ou pela frente;
6. se a ventilação e o sistema de refrigeração funcionam satisfatoriamente.

Organização do Auditório

Apresentações podem ocorrer para um número variado de ouvintes: tanto para grandes públicos – sendo recomendado que o evento se realize em um auditório com cadeiras fixas, quanto para públicos menores – que, nesse caso, podem reunir-se em uma sala menor, com cadeiras móveis (a serem reorganizadas pelo apresentador de forma a satisfazer melhor suas necessidades didáticas), respeitando o princípio básico de que haja total visibilidade do apresentador e dos recursos visuais. As formas de organização comumente utilizadas são as seguintes:

- **Escama de peixe** – assemelha-se à estrutura de um auditório, porém com fileiras intercaladas e inclinadas (sugerindo o desenho de uma escama de peixe). As fileiras não precisam ter exatamente o mesmo número de carteiras, mas sejamos estéticos! É bom ter em mente que, ao configurar um auditório como esse, nós nos distanciaremos um pouco daqueles que se sentarem a partir da segunda fileira. Portanto, procure ordenar o espaço de forma que o contato com a platéia seja o mais próximo possível.

Escama de Peixe

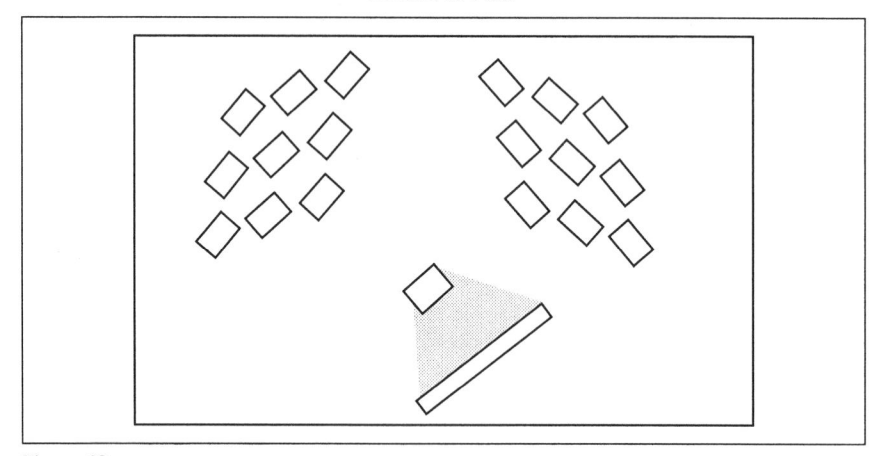

Figura 18

- **Formação em "U"** – este modelo, assim como o precedente, é muito indicado para pequenas platéias em que o trabalho em grupo, o debate e a discussão façam parte da estratégia didática. A vantagem principal desse arranjo está em permitir ao apresentador o acesso mais direto a cada membro integrante do grupo. No entanto, pelo arranjo, é inviável para públicos maiores. Repare que o recurso visual está posicionado de maneira que não interfira na visibilidade dos participantes.

Formação em "U"

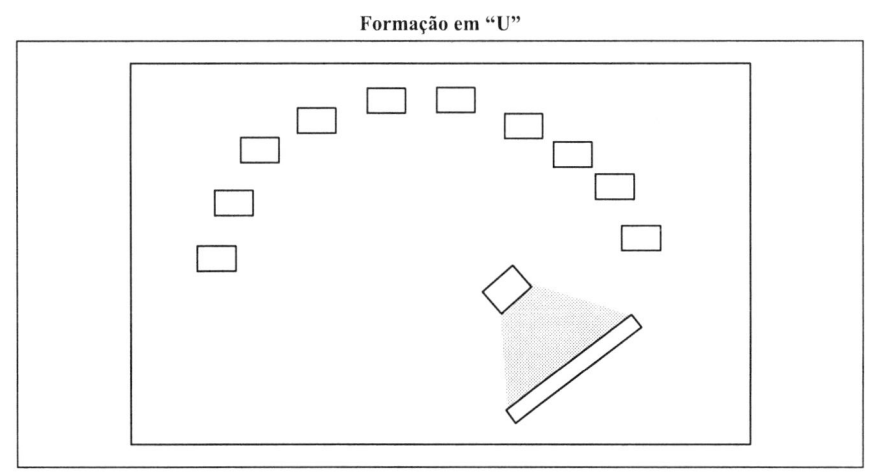

Figura 19

- **Tipo auditório/sala de aula** – esse tipo de arranjo precisa de uma área ampla para organizar as cadeiras, com espaço sufi-

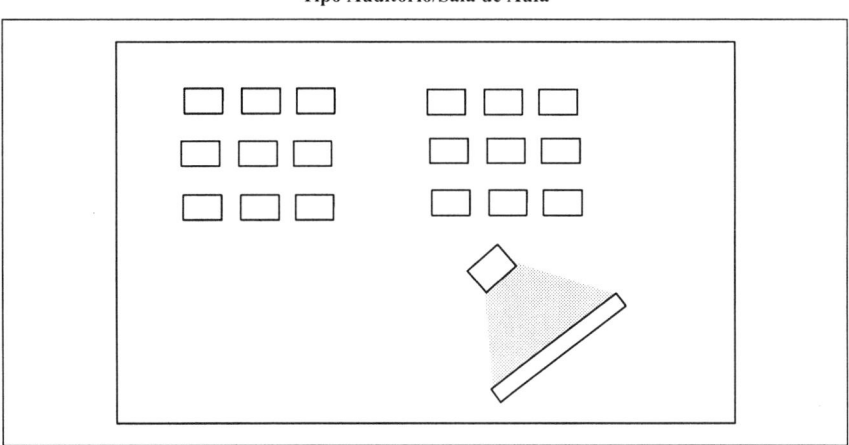

Tipo Auditório/Sala de Aula

Figura 20

ciente para que o palestrante possa transitar entre elas, e que, numa das laterais, seja posicionado o audiovisual. Esta é uma forma tradicional de organização, porém torna mais difícil o debate e os trabalhos em grupo.

3. Escolha e Preparação dos Canais

Canal é o meio que faz a mensagem transitar entre o emissor e o receptor. Há casos registrados de pessoas que rejeitaram determinados canais de informação como, por exemplo, participar de palestras ou eventos similares, porque teriam que assistir a vídeos e usar fones. Assim sendo, antes de mais nada, é preciso preparar o ambiente para que o ouvinte possa receber a mensagem.

No caso específico das palestras em auditório, verifique se a sonorização permite que todos ouçam igualmente o que vai ser dito, em qualquer lugar da platéia.

Da mesma forma, a imagem do orador também é um componente elementar desse processo. Procure certificar-se de que os assistentes terão plena visão, sob qualquer ângulo e de qualquer posição, tanto do palestrante quanto dos visuais utilizados na apresentação. Com certeza você, ou alguém de seu relacionamento, já deve ter passado pela péssima experiência de ir ao cinema e ter um gigante sentado à sua frente, obstruindo todo o campo de visão – tal fato ilustra como é incômodo qualquer problema de visibilidade de seus visuais.

Ao fazer uso de visuais, verifique se a tecnologia estará disponível no auditório no qual você vai se apresentar e se beneficia toda a platéia, e não somente aos assistentes das primeiras fileiras. Certa vez, ouvi o depoimento sobre um apresentador que foi convidado a realizar uma palestra para um grupo de trabalhadores que se encontrava num campo de exploração. Ele preparou seus visuais com muito cuidado e técnica, mas só não pôde utilizá-los porque se tratava de transparências e não havia um retroprojetor sequer disponível no local.

4. Coleta do Material de Pesquisa e Consulta

Procure recolher dados recentes, selecionar modernidades, tornar seu assunto notícia efetivamente. Não acredite que o que você sabe é tudo e que a questão se encerra aí. Defina também, previamente, onde serão inseridos comentários curiosos, detalhes importantes. Um dado que infunde muita confiabilidade ao assunto é a menção de datas, fatos históricos e nomes das pessoas ligadas ao assunto. É muito importante citá-los com propriedade, sem demonstrar que são uma novidade também para você. Portanto, estude bem o assunto de sua palestra antes de qualquer outro procedimento.

Figura 21

5. Confecção do Material Didático

"Material Didático" é todo e qualquer material utilizado pelo apresentador, com vistas a promover um aprendizado de qualidade em sua comunicação. Como sabemos que o "processo de sedimentação das idéias obedece a uma hierarquia", a ordenação do assunto passa a ser indispensável em qualquer apresentação. Portanto, organize-o com início, meio e fim, de forma criativa, interessante, mas sem ser prolixa. Além disso, considerando que a informação visual representa um valioso aliado, pode-se recorrer a essa ferramenta, com as seguintes ressalvas: Vimos que diversos fatores ligados à aprendizagem nos conduzem a acreditar que a informação visual tende a ser um colaborador das falas de quem está apresentando desde que obedeçam a alguns critérios específicos:

- **Gráficos** – devem ser legíveis e compreensíveis. Muitas vezes o orador, seduzido pelos recursos gráficos de certos *softwares*, acaba confeccionando "gráficos carnavalescos" que fogem à intenção inicial de ilustrar uma informação, tornando-a confusa;

- **Esquemas sintéticos** – indicam a hierarquia dos tópicos, com um esquema para cada assunto: tema principal (título do assunto: letra maiúscula, em destaque), é diferente do "título da palestra" (não os confunda); subtítulos em corpo menor, com recuo, são apresentados por tópicos ou numerações; temas secundários, sempre relacionados ao título em destaque. O ideal é não ser muito "rocambolesco", inserindo vários itens e subitens, etc., o que confunde mais do que explica. Um bom padrão é o seguinte:

> **TÍTULO DO ASSUNTO (tema principal)**
> **ABAIXO, SUBTÍTULOS (temas secundários)**
> 1. HISTÓRICO
> 2. CONCEITUAÇÃO
> a. conceito básico
> b. conceito alternativo...

- **Organogramas** – têm uma linguagem objetiva, com ordenação lógica dos dados, o que garante a clareza da mensagem, nada de frases muito longas, nem termos que só você entenda!

6. Confecção dos Recursos Audiovisuais (RAV)

Os modernos conceitos de comunicação exigem uma atualização constante dos recursos técnico-pedagógicos, a fim de dar maior dinamismo às reuniões empresariais e, com isso, torná-las cada vez mais produtivas. São tantas as novidades oferecidas pelo mercado, a cada instante, que o que conhecemos hoje já estará ultrapassado amanhã.

O início da modernização nas apresentações ocorreu através da utilização de computadores em sala de aula, seja instalados em rede, acoplados a canhões multimídia – que projetam visuais com movimento e som, e podem ser transportados para todo lado. Encontramos também aqueles quadros que têm a capacidade de reproduzir automaticamente tudo o que for sendo escrito em suas telas, em papel que poderá ser distribuído para a platéia. E o que dizer das vantagens da teleconferência? Há bem pouco tempo, um médico amigo meu contou ter assistido a uma conferência sobre as mais recentes tecnologias em exames gástricos, com o detalhe de que o apresentador estava na Europa mas podia receber, em tempo real, perguntas de todo o mundo e respondê-las prontamente. Aliás, neste mundo sem fronteiras, estreitar as distâncias passou a ser obrigação de todo aquele que deseja passar uma informação o mais atualizada possível. Portanto, dada a velocidade da tecnologia, qualquer esforço deste livro em tentar mantê-lo a par de todos os modernos recursos audiovisuais do mercado seria em vão.

Assim como a informática, as empresas voltadas para este mercado se superam a cada momento! O importante é estar ciente de que os recursos audiovisuais servem para auxiliá-lo a complementar sua apresentação didaticamente, e não para substituí-lo ou deixá-lo embaraçado diante do seu público.

Antes de confeccionar qualquer material procure sempre conhecer os recursos disponíveis para se apresentar num padrão de qualidade compatível ao que sua platéia está acostumada. Prepare-se também para o impossível diante de uma possível falta de recursos. O Brasil é um país de dimensões continentais e, enquanto em muitos lugares já se vive na "era da Internet", noutros o atraso é tão estarrecedor que muitos ainda não acreditam que o homem foi à Lua. Não devemos nos deixar ser pegos pelo imprevisto!

Soube do caso de um instrutor conhecido, muito zombeteiro que, há bem pouco tempo, pregou uma peça num garçom, levando-o a acreditar que estava amaldiçoado. O garçom, funcionário do hotel em que ele se hospedava, estava atendendo a um quarto do andar abaixo do seu quando o instrutor projetou a mira de um *laser pointer* em sua bandeja. O pobre quase infartou ao perceber aquela luz vermelha do *laser*. Sem poder descobrir a origem daquele ponto luminoso, acreditou tratar-se de algum efeito paranormal, um contato do além, sei lá! Adequação é indispensável! Em tempo, *laser pointer* é uma caneta com uma mira *laser* muito utilizada em palestras com grandes públicos para iluminar o tópico da projeção que está sendo abordado.

Os recursos audiovisuais auxiliam na seqüenciação da apresentação, ajudando-o a "não perder o fio da meada", além de contribuir na ilustração, organização e incremento da exposição, otimizando a demonstração e compreensão da mensagem. A memorização de dados também fica mais otimizada quando podemos visualizar a informação. Estes recursos podem ser classificados em três grupos:

- **Recursos visuais** – retroprojetor, projeções multimídia, projetor de *slides*, etc.

- **Recursos visuais impressos** – quadro de escrever, imantógrafo, *flip chart*, cartaz, álbum seriado, quadros comparativos, diagramas, etc.

- **Recursos audiovisuais** – filmes didáticos.

Recursos Visuais

Um dos recursos que têm maior aplicação prática é o retroprojetor. De real e incontestável utilidade, esta "ferramenta" permite ao apresentador ilustrar o que está sendo dito, dando um certo dinamismo à palestra, ao mesmo tempo em que quebra a monotonia da expressão verbal. Aliando a palavra falada à imagem projetada, a possibilidade de retenção da mensagem é muito maior.

Os apresentadores e conferencistas serão mais bem-sucedidos se forem capazes de manipular a imagem projetada para reforçar as suas palavras. Embora algumas imagens valham por uma centena de palavras, só a linguagem pode traduzir aquilo que os olhos não conseguem perceber. E eles sabem perfeitamente disso. Contudo, não é recomendável que o apresentador transfira a carga maior de persuasão

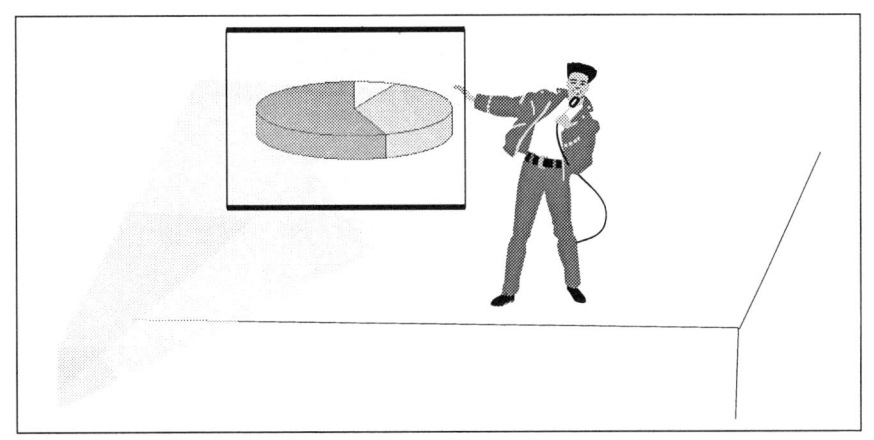

Figura 22

para os visuais, utilizando-os como escoras – acabando por tornarem-se meros "operadores-assistentes".

A retroprojeção permite:

- interação com o grupo;
- complementação e síntese do que é exposto;
- controle da atenção do grupo, direcionando-a para um mesmo "foco";
- exibição de qualquer documento que, de outra forma, precisaria "passar de mão em mão";
- ao palestrante se afastar um pouco do centro das atenções, evitando com isso o "esgotamento" da platéia.

Além destas vantagens, deve-se considerar ainda que a retroprojeção:

- força uma ordenação seqüencial na apresentação;
- requer seleção e especificação das idéias-chave;
- evita a omissão de pontos essenciais que, na linguagem falada, ocorre eventualmente;

- permite ao apresentador se restringir ao assunto, administrando melhor o tempo;

- regula a atenção do apresentador, impedindo que ele se distraia ou divague sobre o tema;

- possibilita a exibição de imagens de excelente qualidade – dependendo do material utilizado.

Os retroprojetores devem ser utilizados da seguinte forma:

1. Comece pelo título de sua apresentação e palavras-chave dos tópicos que serão abordados, encerrando em si os objetivos cognitivos específicos daquela palestra, procurando situar a platéia em um resumo daquilo que será apresentado, bem sucinto para não quebrar o "elemento surpresa".

2. A transparência deve ser colocada, voltada para você, sobre a lâmina do retroprojetor com este ainda desligado. Desligue o retroprojetor antes de trocar cada transparência – a luz branca projetada na tela, quando não há transparências, é muito desconfortante.

3. Mantenha o contato face a face com o auditório, olhando para o visual no retroprojetor e não para a imagem projetada na parede. Isso manterá você a par das reações do grupo.

4. Aponte para o visual (e não para a projeção) com uma caneta ou ponteiro. Se estiver nervoso e com as mãos tremendo, desligue a luz do aparelho, posicione a caneta sobre a transparência e torne a ligá-la. Lembre-se de que nem as canetas nem os ponteiros são batutas para serem agitadas por um apresentador nervoso.

5. Não leia a mensagem que for projetada – seu auditório é capaz de fazer isso muito mais rápido. Limite-se a fazer comentários, que devem ser exclusivamente pertinentes àquele tópico.

6. Não distribua cópias de tabelas e/ou gráficos antes ou durante a apresentação pois isso desvia a atenção da platéia.

7. Use o interruptor (liga/desliga) para posicionar o visual seguinte e trazer de volta a atenção do auditório. Se vários pontos em um único visual necessitarem de explicação, ligue o projetor para expor a matéria e desligue-o para explicar – ao desligá-lo, a atenção da platéia voltará para você. Outro recurso é colocar uma folha opaca entre o retroprojetor e a transparência – dessa forma será projetado apenas o tópico "descoberto", enquanto você poderá ver toda a transparência.
8. Evite a incidência de luz sobre a tela de projeção.
9. Não passeie entre o retroprojetor e a projeção da imagem, enquanto este estiver ligado, pois a projeção incidirá sobre seu corpo e você poderá virar alvo de risos.

O **canhão multimídia** é um aparelho que, acoplado ao computador, pode exibir transparências (imagens) numa tela de projeção, com direito a movimento e som e a recursos de animação definidos na sua confecção. Existem vários modelos no mercado. O importante saber, essencialmente, é:

- **mudar de uma transparência para outra** – normalmente pode-se trocá-las através do *mouse* do computador, da tecla *Enter*, ou das setinhas "avançar"/ "recuar". Existem também modelos com controle remoto, bastando seguir as instruções;

- **o atalho para as telas de descanso *"black* ou *white"*** (que interrompem a exibição das transparências, permitindo administrar melhor o tempo para abordagem de cada assunto) – pode-se dar as pausas através do teclado: letras W/B (*white/black*) ou B/P (branca/preta) ou programá-las previamente ao confeccionar as transparências no PowerPoint (Microsoft);

- **melhorar o foco** – cada modelo possui características próprias: alguns têm o ajuste na lente, outros através de um "menu de opções".

A utilização do multimídia oferece ainda a alternativa do vídeo. A inserção de pequenos filmes numa palestra pode ser mais uma boa opção para ilustrar o tema apresentado, mas use-a moderadamente. Como se pode observar, o aproveitamento desse recurso está intimamente ligado ao bom conhecimento do *software* no qual as transparências foram confeccionadas. A grosso modo, recomenda-se conhecer o aparelho a ser utilizado antes de iniciar a apresentação, ou então solicitar um operador-assistente.

Características de um bom visual

As pessoas pensam a partir de imagens gráficas, por isso é importante visualizar as mensagens. Um bom recurso visual não contém textos longos, apenas uma frase ou ilustração que encerra o conteúdo daquilo que está sendo comentado, ajudando na comunicação. Utilize-o para:

- abrir o debate com uma exposição de impacto;
- canalizar a atenção das pessoas presentes;
- apresentar dados financeiros ou estatísticos de forma compreensível para o público;
- indicar comparações;
- demonstrar relações;
- demonstrar processos ou operações complexas;
- explicar novos conceitos que precisem do auxílio de desenhos ou diagramas.

Os auditórios prestam mais atenção aos **gráficos coloridos** do que àqueles em preto-e-branco. Portanto, abrilhante sua exposição com visuais de muitas cores, mas empregue-as apenas como uma ferramenta de apoio, procurando associá-las aos fatos. Os critérios para um bom visual incluem:

- **Simplicidade** – crie um material simples, breve e legível;

- **Clareza** – seja claro e conciso, apresente uma mensagem imediata, sintética – a informação sucinta gera maior repercussão. Siga esta regra: nunca use mais de sete palavras por linha, nem mais de sete linhas por visual, e coloque, no máximo, duas ilustrações por lâmina;

- **Visibilidade** – utilize caracteres grandes e espessos e dê preferência às fontes retas e sem firulas, evitando tipos serifados. A cor de fundo escolhida deve ser sempre bem mais clara do que a da letra.

Cabe reforçar:

- quanto maior o tamanho da letra, melhor (nunca menor do que 16 pontos);

- restrinja o visual a uma única frase ou ponto-chave;

- prenda a atenção do auditório com um visual colorido;

- os visuais não devem substituir a sua pessoa em cena.

Os recursos visuais deverão ser preparados somente após ser decidida a estratégia da apresentação. Determine então as etapas em que poderão ser utilizados com maior eficácia. Principalmente, convém não usar muitos recursos simultaneamente para não correr o risco de virar um malabarista em cena. Além disso, deve-se ter muito cuidado em adequar o material ao público, primando-se pela qualidade, desde a estética até a escolha da linguagem e da grafia corretas.

Recursos Visuais Impressos

Dentre todos estes recursos, o **quadro de escrever** tem sido o mais usado em eventos, como cursos e palestras. De vários tamanhos e formas, simples e acessível, presta-se muito bem para complementar uma exposição oral, porém nem sempre é usado adequadamente. Para fazer um ótimo uso deste recurso, considere os seguintes aspectos:

- **Visibilidade** – o quadro deve estar colocado estrategicamente de modo a ser visto por todos na platéia;

- **Iluminação** – deve ser bem distribuída, evitando-se reflexos de luz na superfície do quadro (prefira aqueles com superfície fosca à brilhante, que aumenta o reflexo);

- **Postura** – o apresentador deve evitar, tanto quanto possível, cobrir com seu corpo o que estiver escrevendo no quadro;

- **Movimento** – escrever sempre de cima para baixo e da esquerda para a direita. Para facilitar esta operação, divida o quadro em três colunas e escreva em uma parte de cada vez. O quadro deve ser apagado sempre de cima para baixo, tomando-se o cuidado de não espalhar o pó de giz pelo recinto.

Outro recurso largamente usado é o **imantógrafo**, também conhecido como **quadro magnético**. Trata-se de um recurso visual montado a partir de uma placa metálica revestida de material especial (normalmente branco), no qual se pode escrever com pincéis hidrográficos apropriados e também afixar material usando peças imantadas. A vantagem é poder fazer uma apresentação afixando cartazes em sua superfície e, ao mesmo tempo, escrever ao lado (no quadro) observações complementares.

O **álbum seriado**, ou *flip chart*, é um recurso visual de larga aplicação, constituído de uma série de folhas superpostas, presas na forma de um bloco (sustentado por um cavalete de madeira ou ferro). As folhas podem estar em branco (sendo preenchidas durante a apresentação), ou ser confeccionadas previamente, contendo esquemas, gráficos, resumos ou tópicos especiais. Esse recurso permite ao apresentador seguir um roteiro predeterminado com segurança, e que pode ser reapresentado a qualquer instante para revisão do assunto. É inconveniente apenas no caso de grandes platéias devido ao tamanho das folhas, que torna insuficiente sua legibilidade.

O **cartaz** tem, intrinsecamente, uma proposta de comunicação imediata, daí a sua importância no processo pedagógico. Se bem elaborado e executado, atrai a atenção e passa prontamente a idéia desejada. Ao confeccioná-lo considere que ele deve impressionar aquele que o vê, como um comercial de trinta segundos. Assim sendo, para que o cartaz tenha o efeito didático desejado, é recomendável:

- chamar a atenção de imediato;

- apresentar certa unidade de idéia e forma;

- ser claro e vigoroso na sugestão apresentada;

- ser bem legível;

- ser esteticamente agradável aos olhos.

O texto deve ser curto, incisivo e objetivo, pois as frases longas desencorajam a leitura.Cada cartaz deve encerrar um único tema (ou mensagem central), contendo, exclusivamente, as informações básicas. Dessa forma, consegue-se uma assimilação mais rápida e eficiente do assunto.

Os símbolos, figuras e desenhos escolhidos devem dar "vida" e "movimento" – porém, nunca utilizando mais de uma imagem por cartaz, mesmo que sejam concernentes. A ilustração deve encerrar em si o seu propósito e, para facilitar a memorização, conter um princípio identificador da mensagem.

A grande dificuldade é que, para produzir um cartaz de qualidade, precisaremos da ajuda de um profissional de comunicação visual ou artista gráfico, o que nem sempre é possível ou acessível. Mas mesmo assim, com um pouco de criatividade e conhecendo algumas regras básicas, pode-se criar peças que atinjam esse objetivo. Por exemplo:

- **Dimensões** – o tamanho ideal é aquele recomendado pelo bom senso: em locais amplos, os grandes; em recintos pequenos, podem ser menores.

- **Cores** – coloridos e vistosos, os detalhes podem ser complementados com outras cores, mas lembre-se de não promover uma poluição visual, afinal seu cartaz tem fins didáticos e não somente artísticos. Evite os tons pastéis ou escuros demais.

Recursos Audiovisuais

Eventualmente, o apresentador pode fazer uso de **filmes didáticos** para ilustrar a palestra. Este recurso tem, ainda, a vantagem extra de quebrar a monotonia do discurso, quando introduzido no processo. Neste tipo de atividade, a atuação do apresentador é tão importante quanto a do diretor do filme. Dela dependerá a maior ou menor sensibilização do espectador, a melhor captação da mensagem e a pretendida mudança de atitude.

Alguns cuidados devem ser observados para maximizar os resultados, quando a exibição for para grupos menores e for possível conduzir o assunto de forma mais próxima:

1. Estude o filme antes de projetá-lo para o grupo. Anote o assunto, a seqüência dos pontos principais e aqueles que não foram abordados adequadamente mas precisam de uma explicação complementar.
2. Antes de exibi-lo, comente-o com a platéia. Diga do que se trata, mas não descreva as cenas antecipadamente.
3. Informe sua duração aproximada e as características principais (se é colorido, dublado ou legendado, etc.).
4. Explique o porquê da projeção e que questões serão trabalhadas.
5. Chame atenção para os pontos principais.
6. Projete o filme.

7. Após a exibição, dê um tempo para que o espectador internalize o tema apresentado.
8. Inicie o debate, fazendo perguntas que instiguem a platéia.
9. Dê uma tarefa aos assistentes, como por exemplo: preparar (em grupo ou não) um resumo do que foi visto ou indicar os pontos mais relevantes, etc.
10. Discuta as diversas opiniões apresentadas.
11. Se julgar conveniente ou necessário, exiba-o de novo para reforçar o aprendizado (caso haja disponibilidade de tempo, é claro!).

Cabe salientar que a importância de um filme instrutivo reside na oportunidade para debates informais. Dependendo da habilidade do apresentador em conduzi-la, a discussão pode ser bastante proveitosa, ainda que com divergências de opinião. Mas, atenção, tome muito cuidado! A exibição NUNCA poderá ser logo após o almoço ou no fim de um encadeamento de apresentações – nesses dois casos o melhor é optar por outro recurso, ou irá presenciar alguns cochilos.

7. Autocrítica

Avaliação do Material Visual

Depois de preparada a estratégia da apresentação e produzido todo o material correspondente, submeta-o às seguintes perguntas:

1. É simples, conciso e apropriado ao tema?
2. Está devidamente organizado numa seqüência lógica?
3. Está dirigido aos interesses especiais do meu público?
4. Há um número suficiente, são muitos ou poucos os visuais? Caberia mais um ou não? Não exagere na quantidade: lembre-se do ditado mineiro: "Tudo que é demais é muito!" Afinal, se o apresentador tirasse da pasta uma pilha gigantesca de transparências, quem estivesse na platéia já se prepararia emocionalmente para algo enfadonho, longo e chato, e a atenção já teria caído em níveis consideráveis por causa deste preconceito.
5. Ficaria satisfeito e convencido com eles, caso fosse você um ouvinte?

Objetividade nos Objetivos!

Em suma, organize suas idéias e prepare a apresentação de forma a atingir seus objetivos didáticos ou em outras palavras, a completar para você mesmo, com verbos que encerrem em si o seu propósito, a seguinte afirmação: "Ao final da minha palestra, meu público deverá...". Para isso, é indispensável que você saiba o porquê de sua palestra, o que o levou à realização deste evento e o que pretende atingir com isso.

Parece óbvio, mas não é tão simples assim na prática! É preciso que os objetivos estejam muito bem definidos para que, futuramente, na etapa de avaliação da *performance*, você possa obter dados que expressem a realidade, sem se perder em "achismos". Portanto, tenha o cuidado de estabelecer objetivos:

- realistas e alcançáveis;
- explícitos e coerentes com o conteúdo de sua palestra;
- pessoais (suas expectativas) e cognitivos (o que você pretende transmitir) bem separados um do outro, para que um não venha a ser justificativa para possíveis fracassos do outro.

Figura 23

Uma observação pertinente é que seus objetivos podem e devem ser flexíveis. Você precisa estar receptivo a surpresas e acreditar sempre que sua apresentação deverá ser bem dosada de criatividade, engrandecedora, aberta, e também estar consciente de que é uma oportunidade empreendedora em conhecimentos tanto para você que a está vivenciando, quanto para o ouvinte que assimila sua experiência – tanto a vivência quanto a coleta de informações fazem parte do processo de aprendizagem. Portanto, que sua palestra descreva uma espiral crescente, mas que esta flexibilidade não signifique excesso de complacência, de forma a perdoar o fracasso de quem não se dedicou ao melhor desempenho!

Detalhes Finais na Organização

- O sistema de som deve estar pronto para utilização na hora prevista. São horríveis aquelas batidinhas no microfone, seguidas de "Alô, alô, testando. Um, dois, três, alô, testando", diante da platéia.

- A iluminação deve ser testada previamente para que não haja imprevistos de última hora. Quando o público chegar, o ambiente já deve estar iluminado conforme o planejado. Para usar o retroprojetor ou o projetor de *slides*, não é preciso apagar todas as luzes do ambiente, basta desligar as que estiverem mais próximas – a platéia permanece sob as luzes e você pode continuar em condições de observá-la. Os auditórios modernos já possuem interruptores separados para essas situações.

- Os recursos audiovisuais a serem utilizados (como multimídia, retroprojetores, *slides*, gravadores, etc.), devem ser checados antecipadamente.

- Além dos equipamentos, confira todos os detalhes envolvidos na sua apresentação. Certifique-se, por exemplo, de que o retroprojetor esteja com o foco ajustado e na posição ideal; o multimídia devidamente instalado e que seu material seja compatível com os programas disponíveis no computador. Alterações, modificações e teste de equipamentos durante a apresentação são sempre contraproducentes. Estas situações devem e podem ser evitadas, desde que haja um bom planejamento.

- Mantenha de plantão, durante sua palestra, um técnico em eletricidade para resolver aqueles problemas imprevisíveis que, eventualmente, podem ocorrer.

- Esteja atento ao conforto e à comodidade de todos, não deixando espaço para calor (superlotação), apertos, falta de recursos necessários ao bom andamento do evento.

- A segurança precisa ser checada. Verifique se os extintores de incêndio estão dentro das normas e as saídas de emergência se encontram desobstruídas.

- A pontualidade deve ser obedecida. Comece e termine a palestra exatamente nos horários predeterminados. Isso é o mínimo de respeito que se cobra de um orador.

- Prepare-se para as interrupções. Algumas pessoas estão sempre atrasadas para tudo e, com toda certeza, também para sua reunião, portanto, previna-se:
    – Coloque cadeiras vazias perto da porta. Desta forma, os atrasadinhos não desviarão a atenção da platéia enquanto procuram um assento.
    – Comece na hora marcada, independentemente do auditório estar cheio.
    – Não recomece nem volte atrás na sua apresentação. Os pontuais não podem pagar a conta da impontualidade dos outros. Contudo, procure atrair também a atenção destes "atrasadinhos", pois se eles ficarem dispersos poderão contagiar os demais.

8. O Momento da Apresentação

Olhar o mundo com a coragem do cego; ler da tua boca as palavras com a atenção do surdo; falar com os olhos e as mãos, como fazem os mudos.

Cazuza

O momento de exercitar tudo o que já foi visto é chegado, é hora de mostrar nosso talento. Como sempre em nossas vidas, há um momento em que precisamos colocar em prática o que aprendemos e que consideramos ser motivo de crescimento. A menos que desejemos nos tornar "estudantes profissionais", a prática, e por extensão a experiência, deve ser o objetivo final de qualquer dedicação e empenho – todo esforço para atingirmos o sucesso.

Chegamos ao momento de experimentar e ver o quanto já evoluímos. Acredite: você de muitas coisas esquecerá, outras só perceberá na hora, haverá ainda aquelas para as quais você desenvolverá um modo pessoal mais brilhante de desempenho. O importante é sentir este instante como único e aproveitá-lo ao máximo. O segredo fundamental é canalizar toda a sua expectativa para o seu público: é ele que receberá o presente, que merece toda a sua dedicação. Desvie a atenção de seus erros para procurar acertar o alvo em questão: a comunicação efetiva!

Para que você se sinta mais seguro, é permitido o uso de uma ficha contendo um *link* das palavras-chave por assunto, encadeadas para orientar seu planejamento – não transforme esta ficha num amuleto da sorte, demonstrando para a platéia sua insegurança e fragilidade! Coloque-a em um lugar bem discreto, que lhe permita passear os olhos sobre ela quando necessário.

9. Fechamento

Prepare um fechamento brilhante para sua platéia e garanta a sua imagem na memória dos participantes por um longo tempo! Evite, contudo, aqueles jargões do tipo: "*... e finalmente*", ou "*um último* *pensamento que gostaria de dizer... "*, coisas banais que não imprimem qualquer *glamour* ao apresentador.

Nessa etapa, procuramos criar uma sintonia de opiniões para concluir o assunto, ou, no mínimo, expor a nossa opinião de forma realmente contundente. Podemos também sugerir algo mais emocional como um pensamento, uma passagem interessante. Aproveite para agradecer a atenção de todos e ressaltar as boas características daquele grupo.

10. Observação e Verificação dos Resultados

Feedback

O *feedback*, ou "coleta de dados de retorno", é um recurso que informa ao apresentador se houve aprendizado, isto é, se a mensagem foi eficaz. Pode ser de dois tipos:

- **Aberto** – óbvio e direto, é obtido através de observação e perguntas feitas durante os exercícios de avaliação, quando estes são pertinentes à situação. Indica imediatamente o que o ouvinte captou e o que deixou de captar e, de uma maneira indireta, traduz o desempenho do apresentador. Pode acabar sendo distorcido, tendo em vista que muitas vezes, o fato de ser colocado à prova interfere no desempenho do ouvinte.

- **Velado** – obtido por meio da observação das reações do ouvinte: suas expressões, posições, movimentos e atitudes. Como é expressado de forma inconsciente, diz absolutamente a verdade.

Um bom apresentador, ciente da necessidade de um bom desempenho, deve fazer uso desses dois tipos de *feedback* – ao mesmo tempo em que faz perguntas, observa as reações do ouvinte.

Saber colher esses dados do público é fundamental para que, na etapa de aperfeiçoamento da apresentação, possam ser identificados os pontos que precisam de melhora, quais se mostraram interessantes e devem ser repetidos e o meio de reestruturar a forma de fazer sua apresentação para torná-la o mais atraente possível. Para tal, pode-se utilizar, como referência:

- perguntas diretas do apresentador – ofensivas e defensivas;
- perguntas dos ouvintes.

Perguntas Diretas do Apresentador

Além de informar sobre os efeitos da apresentação, as perguntas diretas forçam a participação e estimulam o raciocínio do ouvinte. Variam quanto ao grau de formalidade, dividindo-se em "preparadas" e "espontâneas". Inclua, no seu procedimento didático, algumas possíveis perguntas ("preparadas") a serem feitas durante a apresentação, pois elas são sempre uma arma infalível a seu favor. A pergunta criada no momento ("espontânea") é mais útil na obtenção do *feedback* porque pode ser feita sob medida:

- para aquele auditório, considerando que as platéias são sempre diferentes quanto ao grau de aprendizagem;
- em relação a um determinado tópico que o apresentador sentiu não ter sido bem absorvido pela platéia.

Quanto às respostas "erradas", é importante observar que nem sempre o ouvinte responde ao que lhe foi perguntado, mas ao que ele entendeu. Perguntar é uma arte, portanto duas características devem acompanhar a pergunta:

- ser deliberada e adequada ao contexto, com uma razão intencionalmente planejada;
- conter um ensinamento.

Em capítulo anterior, vimos que o público tem comportamentos os mais variados possíveis, podendo atrapalhar o nosso desempenho. Embora não sejam aconselháveis comportamentos mais tirânicos, possivelmente nossa paciência poderá ficar na reserva com alguns integrantes mais hostis. Já que estamos impedidos de ter o direito de "puxar orelhas", muito embora às vezes seja esta a nossa vontade, devemos ao menos conduzir nossa platéia e demonstrar certa liderança por meio de perguntas:

- **Ofensivas** – podem ser de dois tipos:
    - **Granada** – feita a todos indistintamente, visa a estimular o interesse geral.
    - **Tiro ao alvo** – feita a um determinado indivíduo, com ou sem aviso prévio.

Observe que a posição de quem é questionado desta forma é muito incômoda e, por isso mesmo, este procedimento é considerado agressivo, gerando diversas reações. O indivíduo poderá mudar sua atitude, procurando aquietar-se, ou gerar um conflito. Enfrentá-lo diretamente, retirar-se do local, dentre outras reações imprevisíveis. O importante é que você tenha suporte e saiba liderar a situação adequadamente. Procure sempre manter a calma e não se deixe levar pelo nervosismo.

- **Defensivas** – podem ser também de dois tipos:
    - **Culatra** – é a pergunta devolvida a quem a fez, encorajando a participação desse ouvinte. É quando utilizamos aquela célebre frase: "Qual a sua opinião sobre isto?". A maior vantagem é permitir a quem fez a pergunta original a oportunidade de respondê-la (utilizando suas próprias palavras e a compreensão pessoal do assunto), possibilitando identificar qual é, especificamente, a dúvida, além do determinado;
    - **Ricochete** – aquela que devolvemos a outro integrante do grupo, seja para encorajá-lo a participar mais, ou para interromper uma conversa paralela.

Em termos gerais, deve-se tomar alguns cuidados com relação às perguntas, dentre os quais destacam-se:

1. Faça a pergunta antes de designar alguém para responder. Se esse princípio não for observado, pode resultar em dois efeitos adversos:
   - perturbar o indivíduo, tornando-o apreensivo em relação ao que se espera dele;
   - liberar do raciocínio os demais ouvintes, que se colocarão tão-somente como espectadores.
2. Faça uma pausa suficiente para que todos pensem na resposta, antes de escolher quem deverá responder. Uma pausa mais prolongada pode levar a estimular a participação do grupo, porém, apesar de ser uma boa técnica, deve ser usada com pouca freqüência em uma mesma platéia, pois há o risco de se tornar uma "brecha" para a distração.
3. Chame nominalmente alguém para responder, estará assim satisfazendo a necessidade básica do reconhecimento. Conforme a localização desse indivíduo no auditório, é interessante repetir a resposta em voz alta para todos.
4. Procure, na medida do possível, fazer com que todos respondam. Se a resposta estiver errada, aceite-a provisoriamente – evite expressões negativas ou de censura. Comente então todo o conjunto da resposta, mostrando os pontos mais certos e apontando os menos adequados.
5. Realce e valorize bastante as respostas certas e certifique-se de que ninguém ficou com dúvidas.
6. Jamais faça perguntas capciosas, de duplo sentido, tolas ou sem propósito – isso deprecia sua imagem e, com certeza, afeta o grau de atenção da platéia.
7. Evite fazer perguntas cujas respostas possam ser reduzidas a sim ou não, ou que já contenham a resposta embutida.
8. Organize sua palestra reservando um período, ao final, para responder as perguntas da platéia – principalmente se o tempo for muito reduzido, ou você fizer parte de uma seqüência de expositores primando pelo cumprimento do horário.

9. Atue desenvolvendo condições de apresentar seu tema por completo, sem permitir que seu tempo vire uma "feira livre" para perguntas a qualquer momento, ou invadir aquele destinado a outro apresentador – nada é mais desagradável!

Perguntas dos Ouvintes

Da mesma maneira, ao responder às dúvidas de sua platéia, proceda com cautela utilizando a seguinte técnica:

1. Avalie se a pergunta é pertinente àquele momento – às vezes vem atrasada porque o ouvinte não entendeu o ponto anterior. Através do contato visual, verifique se a pergunta expressa também a dúvida do grupo.
2. No caso de a pergunta estar adiantada em relação ao que está sendo exposto, evite dizer: "Veremos isto mais adiante". Responda de forma resumida, mesmo que os demais não compreendam bem, eles serão tolerantes pois saberão que você logo chegará àquele ponto.
3. Dê uma explicação objetiva e simplificada, utilizando apenas as informações que já são de conhecimento do grupo.
4. Nenhuma pergunta deve ficar sem resposta, por mais impertinente que seja. Se não tiver uma de imediato, prometa-a para breve e, tão logo a tenha, repasse para o grupo. Trata-se de zelar pela própria imagem.
5. Acima de tudo, não minta nem invente respostas – alguém na platéia pode saber a certa, e, com certeza, sua imagem terá ido por água abaixo!

Exercícios Propostos

Com o objetivo de promover um maior envolvimento, o apresentador pode usar questionários individuais ou coletivos. É uma boa prática usar questionários rápidos solicitando um resumo com as próprias palavras dos ouvintes. As respostas podem e devem ser discutidas com a platéia, evitando-se citações nominais, salvo para elogiar determinada abordagem.

10. Aperfeiçoamento

Figura 24

Se você chegar em algum ponto de sua vida e achar que nada precisa ser aperfeiçoado, pode acreditar que quem precisa ser aperfeiçoado é você. Portanto, verificar falhas, fazer ajustes e, principalmente, constatar que cometeu erros é saudável e perfeitamente normal. Em se tratando de apresentações, você experimentará a vivência de uma realidade muito prática, instantânea e real, pois o *feedback* de seu público é a resposta verdadeira. Mas, ao constatar qualquer falha, não se recrimine ou se intimide; não jogue esta grande experiência pela janela. Reescreva esta história em uma próxima oportunidade. Se você retornar ao seu planejamento neste momento, verificará que ele mesmo prevê o aperfeiçoamento.

Em termos gerais, podemos dizer que todo planejamento assume uma imagem de espiral crescente, à medida que vamos adquirindo mais e mais experiências e retocando detalhes. Procure buscar o ótimo, mas não se intimide neste caminho composto de tantas boas experiências. Acima de tudo, mantenha-se sintonizado com o futuro, faça de você mesmo uma esponja capaz de absorver tudo o que for possível! Desta forma, as informações irão "enraizar-se" em sua mente, tornando-o mais profundo em suas colocações. Afinal, uma árvore frondosa já foi um pequeno galho um dia, não é?

Ponderações: Fatores Psicológicos Envolvidos na Aprendizagem

Passamos a vida toda aprendendo – não existe uma idade ou espaço-limite para isso. Esse processo descreve uma espiral crescente, a cada fato novo que aprendemos agregamos experiências anteriores e vivências – podemos dizer, inclusive, que cada ensinamento serve de "adubo" para a próxima etapa, que acontecerá de forma cada vez mais plena, profunda e dinâmica, fazendo de nós elementos vibrantes neste processo infinito.

Tudo e todos que passam pela nossa vida deixam suas contribuições para o ser humano que somos. Mas para que tenhamos acesso ao que de melhor é possível adquirir, é imprescindível: **humildade**, para sermos receptivos a qualquer tipo de contribuição; **sabedoria**, para selecionarmos o que é fundamental sem nos prendermos a preconceitos vis; e **vontade** de extrapolarmos sempre os limites que irremediavelmente nos cercam.

Certos fatores de ordem psicológica influem decisivamente nesse processo de aprendizagem. Vejamos alguns deles:

- **Motivação** – é a vontade de aprender. Pode ser despertada a partir da conscientização da importância do aprendizado. Sem motivação não há concentração nem determinação em aprender.

- **Concentração** – é o ato de focalizar a atenção numa certa direção. A aprendizagem acelera à medida que aumenta a concentração, que acontece por curtos espaços de tempo. Por isso o intervalo para o *coffe-break* foi "institucionalizado" em qualquer grupo de treinamento. Esta pequena pausa promove o relaxamento e permite que as idéias apresentadas sejam refletidas, questionadas, comentadas, compreendidas e incorporadas (ou não) à realidade daquele ouvinte. Essa dinâmica interna acontece sempre, mesmo que o assunto no intervalo seja a partida de futebol da noite anterior.

- **Reação** – é o conjunto de preconceitos que acompanham a mensagem. É o momento de comparação e reflexão do ouvinte. Mesmo que não haja intenção de criar polêmica, essa reação é fundamental para a profundidade com que a mensagem atinge a compreensão. Um assunto que é transmitido sob total harmonia e que todos aceitam sem questionamento acaba sendo incorporado como algo tão óbvio que, provavelmente, não causará qualquer mudança no ouvinte. Quando a reação é mais perceptível, certamente gasta-se mais energia para se atingir a meta, durante uma palestra, mas, em contrapartida, o resultado é mais intenso, mais impressionante, e isso é muito compensador.

- **Organização** – é a ordenação das informações. Esse mecanismo ocorre de tal forma que o intelecto não é privado de determinado dado para proceder a um juízo. As informações devem ser passadas regularmente, respeitando o critério do aprendizado anterior, uma após outra. Em outras palavras, é a ordenação das informações obedecendo à hierarquia de complexidade, ou seja, o assunto mais fácil vem antes do mais difícil. Assim o intelecto não é privado de nenhum dado necessário à formação do raciocínio.

- **Compreensão** – é a última etapa do processo da aprendizagem e o objetivo final do apresentador. É aquele momento pelo qual nos esforçamos durante todo o discurso em que o ouvinte tem um "estalo" e toda a informação passa a ter um sentido lógico.

- **Repetição** – embora fora do processo em si, é o remédio contra o esquecimento, preservando o que foi, afinal, compreendido. Quando o ouvinte incorpora a mensagem à sua bagagem de vida passa a utilizá-la em seu cotidiano, é a contribuição para aquela pessoa – por isso, é bom lembrar da máxima: "Não faça aos outros aquilo que não queres que te façam..."

A Negociação na Comunicação

Negociação pode ser entendida como a arte de encontrar uma solução interessante para todas as partes envolvidas em um mesmo processo de conquista. Historicamente, a solução de uma disputa convencional, em qualquer nível, sempre se encerrava com um vencedor e um derrotado. Porém, com o amadurecimento da inteligência, o homem foi descobrindo que a figura do derrotado poderia ser abolida desde que houvesse maior flexibilidade na disputa. Assim, o homem desenvolveu técnicas de negociação, que são nada mais do que instrumentos que permitem encontrar alternativas para satisfazer, dentro de determinados limites, os interesses das partes envolvidas. Atualmente, conhecemos, basicamente, as seguintes formas de negociação, cada qual com seu princípio, destacando que podem ocorrer simultaneamente, em uma mesma negociação:

- **Cooperativa** – sempre há uma solução ideal para as partes interessadas, desde que se queira procurá-la, investindo tempo, energia e criatividade;

- **Competitiva** – a partir de uma certa etapa da negociação, tudo o que uma das partes interessadas conseguir a mais será em detrimento da outra;

- **Institucional** – o negociador representa uma gama diversificada de interesses dos que, embora ausentes na mesa de negociação, exercem influência real sobre o negociador. É o caso da esposa, dos filhos, parentes, amigos, como também do gerente de crédito, do engenheiro, do gerente de custo, etc.;

- **Pessoal** – o negociador é um ser humano por excelência, logo está sujeito a uma série de influências – como doença, problemas familiares, preocupação com o emprego, a próxima promoção, o volume de serviço, ou com sua realização pessoal.

Habilidades Interpessoais em Negociação

Tendo em vista a importância dessas habilidades consideremos a seguir, algumas regras básicas que podem conduzir uma negociação a bom termo:

- Sempre respeite o outro como um ser humano – lembre-se de que a "outra parte" é uma pessoa, tal como você, e por isso merece, antes de qualquer coisa, respeito.

- Não subestime o seu interlocutor. Mesmo que as fragilidades dele sejam evidentes, não realce demais esse aspecto. Certamente ele tem valores que você desconhece. Certa vez, ouvi o caso de um corretor que deixou de efetuar a venda de um imenso terreno, à vista e em dinheiro, porque seu possível cliente apresentou-se maltrapilho, carregando uma daquelas antigas sacolas de papelão que eram fornecidas pelos supermercados.

Tratava-se apenas de um excêntrico fazendeiro, e o dinheiro para a compra estava naquela sacola: notinha por notinha.

- Empatia não é, definitivamente, um componente dos treinamentos de atendimento que os vendedores têm recebido ultimamente. Não basta memorizar o nome do outro, tampouco utilizar a hipocrisia que se instalou nos trabalhadores dos estabelecimentos comerciais. É exercer a humanidade em seu sentido pleno – considerando educação, simpatia, atenção e boa vontade os pontos máximos de qualquer negociação. Quem já ouviu de um vendedor "Esta roupa foi feita para você" (quando na verdade estava se sentindo ridículo com aquela peça) sabe muito bem do que estou falando.

- Procure entender as razões do interlocutor pelo prisma dele. Só assim você conseguirá se fazer entender depois. No caso de dúvidas, leia novamente sobre como deve ser o comportamento de um ouvinte.

- Use o silêncio a seu favor e não se sinta compungido a falar simplesmente para quebrá-lo.

- Jamais interrompa seu interlocutor – deixe-o dizer tudo o que quiser e, se possível, um pouco mais. Siga esta regra básica: fale menos e escute mais – não "jogue fora" nada do que ouvir. O que a princípio parece ser irrelevante para você pode ser essencial para o interlocutor.

- Seja cauteloso ao interpretar o não-verbal – suposições sempre encerram riscos.

- Evite se deixar tomar pela ansiedade de contra-argumentar de imediato, anote suas considerações e espere o seu momento de falar.

- Não ignore qualquer tipo de informação simplesmente por desgostar da pessoa que está passando estes dados.

- Jamais tire deduções apressadamente, quando todas as evidências estiverem na mesa, a conclusão virá naturalmente.

- Seja pródigo em perguntar – quanto mais respostas obtiver, melhor.

- Evite perguntas fechadas, ou seja, aquelas com uma resposta embutida.

- Evite bombardear o interlocutor com seus argumentos – não seja chato.

- Insista sempre que ainda tiver dúvidas, tenha coragem e persistência para ir ao fundo da questão (até "saber exatamente").

- Pense antes de falar, em vez de falar antes de pensar.

- Fale somente o essencial, evitando monólogos longos e dispersos.

- Seja objetivo, mantendo-se sempre dentro do assunto prioritário.

- Lembre-se de que a cooperação é sempre melhor do que o conflito.

- Discuta primeiro os tópicos de acordo fácil, deixando para depois os assuntos mais controversos.

- Transmita sempre a imagem de que está interessado em ajudar seu interlocutor, nunca a de derrotá-lo.

- Tenha em mãos, previamente estabelecidos, todos os itens negociáveis e os inegociáveis.

- Seja ético acima de tudo.

Relacionamento com a Imprensa

Muitos são os empresários que têm sérias dificuldades de comunicação com o público, habituados à lide gerencial, não conseguem ficar à vontade quando a questão é atender a jornalistas ou falar diante das câmeras de televisão.

É preciso que estas pessoas conheçam, no mínimo, as regras básicas de comportamento nessas circunstâncias. Afinal, cada vez mais este tipo de cobrança é feita àqueles que, de uma forma ou de outra, exercem atividades específicas ou dirigem segmentos expressivos da sociedade. Eles devem saber, por exemplo:

- olhar fixo, alternadamente, para o entrevistador e para a câmera;

- em pronunciamentos, olhar exclusivamente para a câmera, imaginando que ela seja apenas uma pessoa;

- que na leitura de algum documento (com exceção da leitura a partir do *TelePrompter*, que deve ser contínua e ininterrupta) o ideal é fazer marcações no texto que permitam interrupções breves para olhar a câmera sem se perder;

- falar sem ficar olhando para o "céu" e nunca deixar os olhos "boiando", sem fixá-los em nada;

- proferir sempre frases curtas e incisivas, enfatizando a última palavra de cada sentença; não inventar termos, nem usar gírias, ou deixar espaço para que seu linguajar seja alvo de chacota;

- demonstrar uma expressão facial positiva, mesmo que o assunto seja desagradável;

- responder sem ironias às possíveis agulhadas de um repórter;

- manter a calma, mesmo que isso pareça ser uma missão quase impossível;

- preservar o bom humor e planejar o que deve ser dito diante das câmeras.

É preciso lembrar também que, eventualmente, o entrevistador pode ser alguém que desconheça o assunto que está sendo abordado, ou que tenha uma imagem preconcebida do tema. O conveniente é não criar um clima de conflito, contornando a situação, e explicar ao público, e não diretamente ao jornalista, as suas razões. Respondendo "ao público", evita-se o debate com o entrevistador que, nestas circunstâncias, é sempre favorável ao "dono do microfone".

No caso dos "comunicados ao público" que, por diversas razões, muitas vezes somos obrigados a fazer, devemos recorrer ao apoio de profissionais especializados – como jornalistas ou relações-públicas – cabendo a eles a tarefa de elaborar o roteiro da mensagem e divulgá-la nos meios de comunicação. Portanto, é recomendável ter sempre à disposição, atualizado:

- um arquivo com nomes e telefones de profissionais dos meios de comunicação que podem atender as nossas necessidades;

- um arquivo com nomes e telefones de todos os veículos de comunicação que tenham o mesmo perfil dos clientes da empresa. Por exemplo: se a empresa é do ramo de materiais esportivos, é recomendável ter a mala direta de TODOS os veículos que tratem de esportes, desde os de grande penetração até os menores, que atendem a um público reduzido ou específico;

- o histórico da empresa, com todas as informações sobre organização, missão, propósitos, dados pessoais dos diretores, posição no mercado, linha de produtos ou serviços, tecnologia utilizada, lista de clientes, etc.

Relaxamento

> A felicidade não é uma estação de chegada,
> mas uma maneira de viajar.
>
> M. Runbeck

Embora tenham entrado em moda recentemente, há algum tempo já convivemos com termos como: auto-ajuda, autoconhecimento, auto-estima, etc. – mas não percebíamos a sua importância. Esses conceitos estavam misturados a um emaranhado de outros pensamentos que julgávamos "não-prioritários", fazendo parte do cenário de desordem em que transformamos as nossas vidas quando o tempo se torna escasso e passamos a procrastinar justamente aquilo que nos diz respeito, privilegiando outras ações que parecem representar resultados imediatos, mas beneficiam apenas aqueles que nos cercam, gerando em nós insatisfação e uma certa rotina. O resultado dessa postura todos nós conhecemos: parafraseando o dito popular: "Quando não ficamos atentos aos sinais do nosso corpo, nossa mente padece!".

Quando chegamos a esse tipo de situação-limite, ao nos depararmos com nossas fraquezas a tendência é tomarmos sempre dois caminhos: ou recorremos a mecanismos de defesa (como a agressividade, a "cegueira oportuna", a valorização exacerbada de bens e títulos, e a imposição de idéias através do autoritarismo – que nos afastam do grupo, levando-nos a admitir o fracasso sob um sofrimento maior), ou nos tornamos frágeis e suscetíveis às intempéries do meio (como se buscássemos respostas em fontes ecléticas – apesar da fonte mais segura residir em nós mesmos). Em ambos os casos, é estabelecido um conflito, e se o preço que pagamos por isso no campo pessoal não chega a ter um ônus imediato, no profissional resulta na seguinte frase: "Não preenche o perfil requisitado por nossa empresa!"

As respostas estão sempre ao seu alcance, dentro de você, basta apenas conhecer-se um pouquinho melhor. Refletir...

Vamos começar pela **auto-estima**. A sua relação com o parceiro, com a família, no seu ambiente de trabalho e com as pessoas de seu convívio melhora substancialmente quando você se gosta. Só podemos doar aquilo que temos, não é? E ninguém consegue desenvolver a auto-estima ser for buscá-la em outro lugar que não seja diante de um espelho, onde não há a obrigação de usar as diferentes "máscaras do dia-a-dia". Goste de você, pura e simplesmente!

Passemos agora para o **autoconhecimento**. Saiba quem você é, reconheça suas qualidades e defeitos e procure tirar proveito dos dois. Acerte os detalhes e exercite um pouco a sua humanidade com você! Por mais tecnológicos que sejamos, precisamos sempre nos suprir dessas "banalidades" que só os humanos possuem – além disso, pessoas autoconfiantes reconhecem o próprio talento e sua capacidade e isso as difere das demais! Note como aquelas pessoas que nos envolvem em assuntos agradáveis, lideram instintivamente o grupo, que sugestionam facilmente os demais, têm, como características básicas: autoconhecimento, tiram proveito de suas qualidades e sabem contornar seus pontos fracos, se divertindo com isso, mas sem exibi-los demais.

Como era você aos 18 anos, ainda lembra? E aos 11? Resgatar as diversas pessoas que você foi em cada idade passada restaura seu passado e harmoniza os pontos difíceis, à medida que você reconhece que fez o melhor possível e que hoje tem que fazer o melhor por você mesmo, como uma obrigação moral com aquela pessoa que você será daqui a uns anos! Faça uma revisão da sua história pessoal e veja como ela pode se tornar ainda mais especial. Só você pode fazer isto! Não delegue a condução de sua vida a ninguém! Cultive sonhos realizáveis e estipule metas. E quando falo em sonhos, não me refiro só às aquisições materiais, mas também ao seu interior. Quando foi a última vez que você se orgulhou por fazer algo? E teve uma brilhante idéia? Pensar apenas é jogar pensamento fora, pensar de forma criativa é outra coisa! Descubra o seu talento – todos nós temos talento para alguma coisa. Você poderia imaginar que Einstein era um funcionário do escritório de patentes em Berna, na Suíça? Livre-se de seus preconceitos da forma mais óbvia: reflita sobre eles! Não aceite imposições sem levantar uma discussão produtiva, nem se cerque de expressões do tipo: "eu não consigo", "eu não sou capaz", "eu não posso". Além disso, dissolva rótulos como: "eu sou assim" ou "eu sou assado". Seja você mesmo e mantenha um relacionamento digno com você, pautado naquilo que já sabemos que são vertentes de sucesso em qualquer relacionamento como sinceridade, simplicidade, amizade, entre outros.

Finalizemos com a **auto-avaliação**! Falamos muito em nosso ambiente de trabalho sobre planejamento, como atingir metas, etc., etc. Costumo afirmar que fomos adestrados a planejar somente em relação à vida profissional, pois só somos eficientes em nossos "projetos de vida" quando o assunto é trabalho. Mas se essas técnicas, essa mesma capacidade para elaborar projetos, não são aplicadas para planejar nossa vida pessoal, se somos incapazes de aplicar aquilo que aprendemos em outro segmento, incorporando-o ao nosso dia-a-dia, então não aprendemos nada – aquilo não é conhecimento.

Nossa autocrítica é cruel porque se baseia naquilo que vemos nos outros e não no que realmente somos – então passamos a ser domesticados por generais internos que, a todo instante, nos afrontam com nossas fraquezas, sem nos apontar soluções ou metas razoáveis: não há ponderação, há apenas ilusão. E quando a expectativa se torna muito grande, qualquer resultado é insuficiente e, por extensão, frustrante...

Abasteça-se de boas idéias, novos assuntos, modernidades. Dê ao seu cérebro o seu melhor alimento: conhecimento. Saiba um pouco sobre tudo! Não se sacie, queira muito mais! Usufrua da vida de uma forma mais intensa e aprofunde-se em seus relacionamentos! Exercite sua capacidade de ser uma melhor companhia todos os dias! Não se julgue velho o bastante para uma mudança; jovem o bastante para uma preocupação que venha mudar os rumos de sua vida; sem tempo suficiente para mais uma tarefa. Nem além nem aquém de nada: você está no seu tempo, aproveite!

Estresse?

Os dias que antecedem sua apresentação podem deixá-lo um pouco nervoso, fora do seu estado emocional normal. Pode se transformar em mais um motivo para o estresse e existe uma bibliografia substanciosa no mercado sobre o estresse e suas influências nas doenças corporais. O ponto de equilíbrio e o ponto de ativação do sistema nervoso autônomo (responsável por efetuar mudanças no corpo em resposta a estímulos externos e produzir reações emocionais como o medo ou a raiva, por exemplo) variam de pessoa para pessoa e, às vezes, o que pode ser elementar para um se transforma num verdadeiro desafio para outros, como é o caso de apresentações em público. Cada um reage de uma forma especial a situações também muito especiais e as opções primitivas de "lutar ou fugir" geram uma verdadeira revolução interna, daí surgem reações de estresse. E assim como os gatilhos que promovem o estresse são diversos e diferentes de pessoa para pessoa, as formas de controle também, por isso cada um deve identificar aquela que melhor atende as suas necessidades pessoais.

Técnicas Sugeridas

As técnicas que se seguem visam, principalmente, ao relaxamento voltado para o bom uso do corpo e das condições fono-articulatórias do apresentador. Não irão operar milagres, mas certamente contribuirão muito para administrar a tensão no período que antecede o evento.

1. Contração/Descontração

Figura 25

- Sente-se confortavelmente, mas com uma postura ereta, num ângulo de 90° (Figura 25) entre coluna e quadril; nos joelhos e tornozelos (sola dos pés completamente apoiada no chão);

- Aperte (contraindo) com força os dedos dos pés e mantenha essa tensão por pouco tempo, relaxando logo após. Repita 2 ou 3 vezes. Faça esse mesmo esforço na seguinte ordem: pernas, coxas, glúteos, órgãos genitais, barriga, região do peito, braços, mãos, pescoço, bochechas, olhos e testa.

2. Observação da Respiração

- Com os olhos fechados, deite-se sobre alguma superfície dura (o chão é ótimo), de barriga para cima, braços estendidos ao lado do corpo. Preste atenção à sua respiração, observe seu corpo fazendo pressão contra o chão, enquanto você respira – note todas as partes do seu corpo que tocam o chão.

- Agora, com os olhos abertos, inspire lentamente pelo nariz (ar para dentro). Mantenha o "arzinho" preso por um período que seja agradável (sem chegar a se sentir sufocado) e, em seguida, solte-o pelo nariz, lentamente. Repita esse movimento entre 10 e 15 vezes.

3. Movimentos Giratórios

- Sentado como na técnica nº 1, comece balançando a cabeça num movimento horizontal, lentamente da esquerda para a direita (o movimento do "não"). Repita o exercício 10 vezes.

- Faça agora, lentamente, um movimento vertical (o movimento do "sim"). Repita 10 vezes.

- Descreva um círculo no ar com seus ombros, girando-os para a frente lentamente. Repita 10 vezes. Faça esse mesmo movimento no sentido contrário. Repita 10 vezes.

- Gire a cabeça como se descrevesse um círculo, ao ponto de quase encostar a orelha no ombro. Repita este exercício, lentamente, 10 vezes para a esquerda e 10 para a direita.

4. Relaxamento por Imagens Mentais

No seu cérebro, as informações verdadeiras e as imaginadas percorrem o mesmo trajeto. Portanto, que tal usar sua imaginação para relaxar um pouco?

- Procure ficar numa posição confortável, se possível deitado, feche os olhos e concentre-se na sua respiração (como na técnica nº 2) até se sentir mais tranqüilo. Solte sua imaginação!

- Visualize a você mesmo num local agradável – perceba o cheiro, o ruído (e sons) ambientais, a temperatura (por exemplo, o vento batendo no seu corpo e causando arrepios), o gosto na sua boca.

- Imagine bons sentimentos (como felicidade, tranqüilidade, proteção, etc.), a cor que está sobressaindo agora. Permaneça nesse local até se sentir reconfortado e, em seguida, bem devagar, abra seus olhos. Retorne à sua rotina bem devagar.

Quanto a sua apresentação, procure analisar que tipos de sentimento o estão atrapalhando (como insegurança, medo, dúvida, etc.). Imagine bem à sua frente um círculo – projete nele (procurando "ver" realmente) uma apresentação ideal, com todos os detalhes que o deixariam satisfeito (sua expressão facial de realização, a boa relação com o público, seu corpo vibrante, a cor predominante bem alegre, a música que poderia ser a trilha sonora do seu sucesso, o gosto na sua boca e tudo o mais que vier à mente). Quando toda a cena estiver bem estruturada, imagine-se entrando nesse círculo imaginário. Dê um passo à frente! Isso ajuda muito a estruturar as energias para o momento oportuno. Sinta tudo que houver de bom ali, e bem intensamente!

Ponderações Finais: Nota da Autora

Bem, acho que já está na hora de você começar a andar com seus próprios pés... Sempre acreditei que quando nascemos somos como uma tinta e, à medida que nos relacionamos, vamos nos tingindo com a cor do outro e, assim, vamos experimentando a sensação de ser verde, um pouco amarela, rosa-claro ou roxo...

Vamos nos tingindo aos poucos e soltando nossas novas nuances de cor em quem está se relacionando conosco também. Tudo se resume em trocar! Espero sinceramente que esta leitura tenha sido muito prazerosa para você, assim como foi para mim escrever este livro. E que este prazer se estenda pela prática da apresentação, das próximas relações... que podem começar já!

Então, o que você está esperando? Levanta daí e vai bater um papinho com alguém!

Ofereça-se para a próxima apresentação na sua empresa, no seu clube, ou no seu grupo de amigos – sei lá! Busque as oportunidades!

Boa sorte!

Referências Bibliográficas

ADLER, R. B. & TOWNE, N. *Comunicação interpessoal*. Rio de Janeiro: LTC, 1999.

BROXADO, S. *A verdadeira motivação na empresa*. Rio de Janeiro: Qualitymark, 2001.

GARDNER, H. *Estruturas da mente: a teoria das inteligências múltiplas*. Rio de Janeiro: Artes Médicas, 1996.

HUMOR. *Revista Qualimetria,* ano IX, nº 73, set. 1997.

MASLOW (apud BROXADO, 2001).

NASCIMENTO, A. Walter *A gerência de si mesmo,* Edicon, 1987.

PICHON-RIVIÈRE, E. *Teoria do vínculo*. São Paulo: Martins Fontes, 1991.

ROBBINS, A. *Unlimited power.* Nova York: Simon & Schuster, 1986.

WATZLAWIK, G. & ROBINSON, E. H. European Declarative System, *Architecture and Interprocess Communication*. 1991.

**Entre em sintonia
com o mundo**

**QualityPhone:
0800-263311**
Ligação gratuita

Rua Teixeira Júnior, 441
São Cristóvão
20921-400 – Rio de Janeiro – RJ
Tel.: (0xx21) 3860-8422
Fax: (0xx21) 3860-8424

www.qualitymark.com.br
E-mail: quality@qualitymark.com.br

Dados Técnicos	
Formato:	16 x 23
Mancha:	11,5 x 19
Fonte do Título	Architecture
Corpo do Título	30
Fonte do Miolo	Times New Roman
Corpo do Miolo	12
Entrelinhamento:	14,5
Total de páginas:	208

Este livro foi impresso nas oficinas gráficas da
Editora Vozes Ltda.,
Rua Frei Luís, 100 — Petrópolis, RJ,
com filmes e papel fornecidos pelo editor.